分断されるアメリカ

前嶋和弘
松本佐保
藤永康政
宮田智之
松井孝太

宝島社新書

はじめに

2024年11月、アメリカの次期大統領が決まる。共和党のドナルド・トランプか民主党のカマラ・ハリスか、これはまったくわからない。9月17日現在、ハリスが気持ちリードしているようだが、1カ月半の間にひっくり返る可能性もある。

若く、女性で人種マイノリティのハリスは、多くの若いアメリカ人には新鮮であろう。しかし、それが選挙当日まで続くかわからない。

最後の最後まで、この戦いはもつれる。きっと、勝敗が決まったとしても、ラグビーのノーサイドのように、きれいに敗者が負けを認めることはないだろう。

アメリカは完全に分断社会なのだ。その分断状況はまさに内戦前夜と言っても言い過ぎではない。

アメリカでは『シビル・ウォー　アメリカ最後の日』という映画が、2週間連続して興行成績のトップを飾った。映画も素晴らしかったが、その映画の内容がアメリカの分断による内戦だったのも、アメリカ国民たちの関心を集めたのに間違いない。

　2020年の大統領選でトランプが負けたあと、2021年にトランプ支持者はバイデンの大統領就任を正式に決定しようとしていた連邦議会を襲撃した。まさに、これはトランプ支持者によるクーデターといえた。すでにその時点で内戦は勃発していたのだ。

　現在、トランプは、その議会を襲撃した者たちを「アメリカの民主主義を、命を張って守ろうとした」英雄として祀り上げようとしている。

　もし、2024年の選挙でトランプが負ければ、2021年以上の混乱が起こる可能性がある。一方、ハリスが負けても、今度は民主党が黙っていないだろう。

「アメリカの分断」は大統領選後の方がより激しくなる可能性があるのだ。

　それは、すぐ目の前である。この新書が発売になって1カ月もない。そして、その分断による衝突が起きれば、世界に大激震が走る。

　アメリカがクシャミをすれば、日本が風邪をひくといわれた時代はまだ終わっていない。アメリカ経済の行方が、常に日本経済の今後を左右する。

　分断が大きくなり、衝突が大きくなれば、日本も大きく揺れ動くことになる。

・
・
・

では、なぜ、分断が起きているのだろうか？　その原因と、それによるいまの分断状況を、この本では明らかにしていきたい。

それは、一筋縄ではいかないだろう。そのために、この新書では5人の専門家に話を聞いた。

まず第一章は、前嶋和弘氏だ。上智大学の教授で、アメリカ学会の前会長であった。前嶋氏には、いまの分断が起きている最新知見を聞いた。

いまの分断には、アメリカの選挙の仕組みが密接に絡んでいるという、共和党と民主党という巨大二大政党がしのぎを削る選挙戦自体に、分断を引き起こす要因があるという。現代のＩＴ技術も駆使されたその選挙戦は、私たちの想像を超えて、ち密にそして激しく行われているのだ。

前嶋氏には、この本の前作的意味を持つ『宝島社新書　トランプ人気の深層』で話していただいた内容も一部再掲載させていただいた。これによって、分断の歴史も理解していただけると思う。

第二章は、日本大学の松本佐保教授に、アメリカの分断における宗教的対立について話を聞いた。トランプの支持層には、キリスト教保守の福音派が大きい位置を占めている。

彼らはどんな人たちなのか？　そして、福音派とリベラルの宗教的対立点はどこにあるのか？　ここをつかめない限り、『分断されるアメリカ』を真に理解することは不可能だろう。

第三章は、人種とアメリカの分断についてである。お話は日本女子大学の藤永康政教授にお願いした。

黒人問題に造詣が深く、ラティーノ（ヒスパニック）にも詳しい先生に、アメリカの深層に流れる人種問題を聞いた。人種間に流れる、根深い差別と対立を、歴史的経過も含めて説明をいただいた。肌の色の違いが、大きな問題であることに改めて気づかされるはずだ。

第四章は、シンクタンクがどれだけアメリカの分断にかかわっているかを聞いた。お話いただくのは帝京大学の宮田智之教授である。アメリカのシンクタンクを研究している人は、日本には多くない。そもそも日本には政権内で政策提言するようなシンクタンクは皆無と言っていい。

なぜ、アメリカにシンクタンクはあるのか？　そのシンクタンクはどこまで分断にかかわっているのか？　新しい知見も含めて最新情報を話していただいた。

そして、最後、第五章は、労働組合とアメリカの分断についてである。民主党最大の人員と資金源を誇る労働組合。それはどこまで民主党内で力を持っているのか？　そして、どこまで分断にかかわっているのか？　杏林大学の松井孝太准教授に話を聞いた。

他にも『「分断」を知るキーワード』というタイトルのコラムで、いくつかのポイントを解説した。先生方のインタビューをより深く知るために役立ててほしい。

・　・　・

2024年11月、これはアメリカの歴史の中でも、もっとも大きな試練のときであったと後世、記されるかもしれない。そのただなかに、私たちは生きている。

何が起きるのか？　何が起きているのか？　私たちはしっかり認識したい。本書がその案内書として少しでも役に立てればと思う。

（編集部）

カナダ
ミネソタ州
ウィスコンシン州
ミシガン州
バーモント州
メイン州
ニューハンプシャー州
ニューヨーク州
マサチューセッツ州
ロードアイランド州
コネティカット州
アイオワ州
ペンシルベニア州
イリノイ州
インディアナ州
オハイオ州
ニュージャージー州
デラウェア州
ウェストバージニア州
メリーランド州
ミズーリ州
ケンタッキー州
バージニア州
ワシントンD.C.
アーカンソー州
テネシー州
ノースカロライナ州
サウスカロライナ州
ミシシッピ州
ジョージア州
アラバマ州
ルイジアナ州
フロリダ州
キューバ

アメリカの州

ワシントン州
モンタナ州
ノースダコタ州
オレゴン州
アイダホ州
サウスダコタ州
ワイオミング州
ネブラスカ州
ネバダ州
ユタ州
コロラド州
カンザス州
カリフォルニア州
オクラ
ホマ州
アリゾナ州
ニューメキシコ州
テキサス州
アラスカ州
メキシコ
ハワイ州

目次

第二章 アメリカの分断と宗教

ポリコレ

第四章 シンクタンクが分断にはたしている役割 167

第五章　労働組合が分断にはたした役割

第一章　分断されるアメリカの深層

前嶋和弘氏
（上智大学総合グローバル学部教授）

保守とリベラルの分断と拮抗がアメリカの病理を生んでいる！

前嶋和弘氏（上智大学総合グローバル学部教授）インタビュー

分断は過去にもあった。それがいま大きくアメリカ社会を揺さぶっているのは、なぜか？ハリスもトランプも激しく相手を攻撃する。なぜ、そこまで攻撃するのか？　その要因のひとつに両政党の力関係が拮抗している状況があるという。さらに、現在の選挙運動の実態、人口動態の変化が分断をより深刻にしている。ハリスとトランプの大統領選挙後には、結果次第で、その分断は、より激しい対立を生む可能性が高い。その現状を、現代アメリカ政治を専門とする前嶋和弘氏が解く。

（２０２４年９月３日取材）

選挙を左右するふたつのジェンダーギャップ

編集部 カマラ・ハリスについて、先生はどのように見ていらっしゃるのでしょうか？ バイデンと政策は違ってくるのでしょうか？

前嶋和弘氏（以下、前嶋氏） 基本的にはバイデンの支持層をそのまま受け継ぐと思います。分断の時代ですので、民主党の支持層と共和党の支持層は分かれていますから、その点は変わらないと思います。

ただし、違いは、アメリカのメディアが大げさに報道していますが、既存の民主党の支持層が戻ってきたということです。人種マイノリティの黒人だったり、ヒスパニックだったり、他に若者、さらに女性たちがハリス支持で戻ってきているということです。

近年のアメリカの選挙では、ジェンダーギャップというとふたつの意味があります。ひとつは、大統領選挙において、女性は共和党候補よりも民主党候補の方に10から15ポイント多く投票するという傾向があります。大きな差で明らかな民主党寄りであることです。

ただ、撤退前の今年の選挙ではバイデンの女性からの支持はトランプに比べると8ポイント程度高く、やはり大きかったのですが、出口調査で15ポイントもトランプに上回っていた前回の2020年選挙に比べると、限られていました。バイデンからハリスへの禅譲を機にジェンダー・ギャップも戻ってきました。トランプとの差は15ポイント以上の調査が多く、2020年のトランプとバイデンとの差まで戻っただけでなく、女性ということもあってさらに数字は上積みとなっています。

・　・　・

もうひとつのジェンダー・ギャップは、投票率です。女性の方がどちらかというと選挙に行くのです。投票率が高い。それが大きいと思います。

アメリカの選挙は1970年ごろまで男性の方が、投票率が高かったのですが。女性の社会進出が進むとともに、女性の政治進出の必要性も高まり状況は変わりました。妊娠中絶の合法化を認めたロー対ウェイド判決（1973年）をめぐる是非については、国を二分するイデオロギー的な争いが続きました。また、男女の平等を憲法修正条項に加えるERA（男女平等憲法修正条項：Equal Rights Amendment）議会承認（1972年）から80年代までの各州による批准運動は女性が政治に積極的に参加せざるを得ない、大きな要因となりました。

1980年の大統領選挙で男女の投票率は逆転。1990年代では2ポイント台、2000年以降では3ポイント台、近年では4ポイント近く女性の投票率の方が高くなっています。

男女ですので、母体の人口も大きいので数パーセント違うだけでも差が出ます。

白人女性に限れば、共和党が高い場合もありますが、トータルとしては女性の投票率の高さが民主党の支持率の高さにつながっています。

また女性とともに、黒人、ヒスパニック、アジア系の人種マイノリティの支持も2020年のバイデンの数字に近くなってきました。今年の選挙での人種マイノリティからのバイデンの支持がだいぶ落ちていて、大きく懸念されていました。

しかし、バイデンであっても、最終的には現在のハリスと同じような数字になっていたかもしれません。というのも、選挙戦が本格化したら、やはりトランプ嫌いの女性や人種マイノリティは目立ってきたと想像されるためです。ただ、ちょうど、大統領選が盛り上がってきたときにハリスが大統領候補になったので、人種マイノリティや若者や女性がハリスの支持に回っているように見えているのは間違いないと思います。

トランプが嫌だという共和党支持者もいるが大きくはない

編集部　共和党の中からもハリス支持の声が上がっていますが、それは、共和党の分裂を意味するのでしょうか、それとも、もともと民主党候補に投票する可能性がある人たちが声をあげただけなのでしょうか？

前嶋氏　後者です。共和党の中にもトランプが嫌だと思っている人はいます。アメリカ国民の3割弱が共和党支持です。民主党は国民の3割強が支持しています。

無党派層は全体の3割か4割程度ですが、「中間層」では全くなく、無党派層の中は、3分の1ずつ、共和党寄りの層（lean Republican）、民主党寄りの層（lean Democrat）、全くの無党派と分かれています。だからアメリカ国民の4割ぐらいが「共和党支持＋共和党寄り」です。そのなかにはトランプが嫌だという人はいます。

アメリカの場合、党派性が強くなればなるほど選挙に行きます。無党派層の中の無党派は全く選挙に行きません。かつては「レーガンデモクラット」のような民主党支持者が共和党候補に入れたり、その逆もありましたが、現在はその可能性は極めて少ないです。無党派は選挙に行く可能性が低いのですが、それでも共和党寄りは共和党候補に、民主党寄りは民主党候補に、投票所に連れていけば入れます。無党派の共和党寄りが民主党候補に入れるケースは極めてまれです。その逆もそうです。

・・・

ただ、トランプの場合、これまでの共和党の主流だった人たち＝あえていえば残党といってもいいのですが＝からは強い反発があります。その人たちはトランプの外交政策に反対であるニッキー・ヘイリーを応援した人たち、あるいは反トランプの保守系団体「リンカン・プロジェクト」の人たちです。

２０１２年のトランプの前の共和党の大統領候補はミット・ロムニーでした。トランプから言わせればロムニーは「リパブリカン・イン・ネーム・オンリー（ＲＩＮＯ）」で、「名ばかりの共和党員」です。「ＲＩＮＯの方が民主党よりもたちが悪い」とトランプは強調しています。

ロムニーは民主党大会に呼ばれるのではないかといわれていました。噂では、最終日にスペシャルゲストとして、ビヨンセかテイラー・スイフトかロムニーの名前が挙がっていました。結局登壇しませんでしたが、このようにロムニーのような、わずかな数の過去の残党のような人物がハリスにつくのです。

ジョージ・W・ブッシュ政権の副大統領でかつては民主党支持者が最も嫌っていたディック・チェイニーが強いハリス支持、トランプ批判で話題となりました。ブッシュやブッシュ家のほとんどの人たちもハリスにいれるでしょう。ただ、既に共和党は「トランプ党」なので、ロムニー以前のリーダーたちは過去の遺物です。言葉遊びではないですが、共和党支持者にとっては「異物」といっていいかもしれません。

編集部　ロムニーやブッシュがハリスに共鳴する部分はどこなのでしょうか？

前嶋氏　国際協調路線です。ブッシュは「思いやりのある保守主義」でした。ブッシュはあまりスペイン語が話せませんが、ヒスパニックの人たちを取り込むために、演説でスペイン語を話すようにしていましたし、スペイン語のCMも多用しました。トランプが同じことをやるとは全く想像できません。

それに、ブッシュには移民排斥的なところは全くありませんでしたので、トランプが許せないところがあると思います。一方、トランプにとってはロムニーやブッシュは「ディープステート」（影の政府）そのもので、叩きのめしたい存在です。オバマもそうですが、トランプもイラク戦争などのテロとの戦いを進めたブッシュを批判しています。

銃撃事件が与えた影響はほとんど消えた

編集部　トランプ銃撃事件がありましたが、トランプの政治姿勢に何か影響を与えたのでしょうか？

前嶋氏　ほぼないといっても間違っていません。トランプを銃撃した犯人はトランプでもバイデンでも、どちらを銃撃してもよかったのです。たまたまトランプが近くに来たので狙っただけです。党派的な背景はありません。

今回の大統領選挙では、実はここまで「確トラ」「ほぼトラ」だったタイミングはたった一瞬もありません。トランプの場合、岩盤支持層は離れませんが他の支持は得にくく、決して強い候補ではないです。そもそも、今年の選挙戦でトランプがバイデンを世論調査で上回ってもせいぜい3ポイント程度でした。2020年選挙ではバイデンは常に約5〜10ポイントはトランプに対してリードしていたのと大きな差です。今年はバイデンもその勢いがなく、トランプもバイデンも「弱い候補」として並んでいました。討論会も銃撃事件も共和党大会も選挙戦の情勢にほとんど影響を与えていません。

確かに、共和党支持者を短期的に固めるには効果はあったかもしれませんが、それだけです。バイデンの「失態」が問題になったトランプとバイデンの討論会のときは3ポイント程度の差が出ましたが、それから逓減し、トランプの銃撃でまた上がり3ポイント差。それからやや減り、共和党大会のときもトランプとバイデンの差は再び3ポイント程度となりました。3ポイントトリードで、「ほぼトラ」とか「確トラ」というのは笑止千万です。

・・・

トランプは、選挙という観点では「弱い候補」です。自分の支持層しか固められません。トランプが撃たれて立ち上がったポーズを見て、トランプが強いリーダーと思うのは、もともとのトランプ支持か、無党派層の共和党寄りの人たちに少しいるぐらいです。

民主党支持者は、トランプが殺されなくて良かったと思ってはいます。民主主義の基盤が揺らいでしまいますから。しかし、それ以上ではありません。トランプが撃たれたときに「ファイト」「ファイト」と言っていましたが、あれは民主党をぶっ潰せという意味です。そんな言動に民主党支持者は賛同できるはずがありません。

さらに言うと、民主党支持者からすれば「なぜ銃規制していないの?」となります。トランプ銃撃に使われた半自動小銃のAR-15は2004年まで規制していたライフルです。それを規制緩和したのは共和党側です。

民主党支持者にとって「銃規制をしない共和党のせいでしょ」となり、トランプ支持にはなりようもありません。

レーガン大統領が撃たれたときは10パーセントぐらい支持率が伸びました。1981年3月に起きた事件ですが、いまのアメリカからすれば、江戸時代に起きたような事件です。トランプへの銃撃で3ポイント程度、トランプの支持は伸びましたが、すぐ消えました。

トランプが撃たれて、神妙そうな顔を見せていたのは、共和党大会の最初の5分だけです。92分も話したうちの5分程度だけです。彼の演説は歴代の共和党大会の中でも最も長い演説でしたが、そのうちのほんの少しです。

日本の新聞がその5分だけを大きく取りあげたので、トランプの神妙な姿が印象的に報道されました。実際、私もテレビ番組で共和党大会を解説していましたが、「きっと、ちょっとした口調から、すぐに元のトランプに戻るでしょう」と話したら、その通りになりました。

ハリスは予備選も戦っていないのですが、未知数という伸びしろに対する期待もありました。その後、バイデンからハリスへの禅譲で、トランプはあっさりひっくり返されています。トランプもバイデンも「弱い候補」です。さらにはハリスも途中参加なのでまだ未知数である中、選挙戦の最終段階に入っています。

・・・

アメリカには選挙人口が3億4000万人いますが、激戦州の中の無党派の中の「共和党寄り」「民主党寄り」のわずかな5万から6万人の投票行動で、大統領が決まってしまいます。激戦州の中の「共和党寄り」「民主党寄り」が投票するかどうかというとても小さな戦いです。大統領選挙は風は吹かないのです。

大統領選を左右する「無関心層」

編集部　激戦州の5万から6万の人たちというのは、どのような人たちですか？

前嶋氏　「無関心層」です。さらにいえば「やる気のない人たち」です。

編集部　「やる気のない人たち」？

前嶋氏　共和党支持者にしろ、民主党支持者にしろ、党派性が強い人ほど選挙に行きます。そのような人は、社会的な関心も責任もありますし、所得も高い傾向があります。党派性が弱くなれば選挙に行きません。無党派は全体の4割いますが。そのうち3分の1は何があっても選挙に行きません。まったく関心がない人たちです。

上述のように無党派の3分の1が「共和党寄り」で、3分の1が「民主党寄り」です。ここは、選挙に行く可能性はゼロではない。ここの人たちを無理やり選挙に行かせるのが、いまの選挙です。

潜在的に無理やり選挙に行かせられる人たちが、激戦州の中に5万から6万人いるわけです。

2020年の投票率はここ110年間の中でもっとも高い数字でした。66パーセントになりました。1996年のときは、51パーセントでした。ここまで投票率があがったのはOECD加盟国の中でアメリカしかありません。

投票率が高くなった理由は、無党派の共和党寄り、民主党寄りの人たちをデータでしっかり分析できたからです。マイクロターゲティングといいます。さらに個々の人々のデータに基づいて戸別訪問をして、無理やり選挙に連れて行く。本来なら、選挙に行かない人を無理やり選挙に行かせるから投票率が上がったのです。

しかし、無理やり行かせるといってもポピュリスト的な言説で、彼らの投票行動を促す形です。無党派の共和党寄りの人たち、無党派の民主党寄りの人たちは、思想的には共和党や民主党の支持の人たちと似ていますが、投票行動に移すような、積極層ではありません。

そのような人は社会に関心がない分だけ、両党の政治的なイシューに関しては、よく理解していません。そのような人を選挙に連れて行くためには、どうするかといえば、共和党なら、

「バイデン（ハリス）になったら不法移民ばかりになってしまう」とか、

民主党なら、「トランプになったら、全米で完全に妊娠中絶はできなくなってしまう『プロジェクト2025』通りの政策になる」とか、

ポピュリスト的な言説で投票行動を促すわけです。どちらも候補者が言っていることとは異なりますが「悪魔がくるぞ」的な発言になってしまうため、どうしても両党の政策もポピュリスト的にならざるを得ないのです。

さらに期日前投票、郵便投票は2020年選挙では全体の6割でした。アメリカの場合、投票所まで遠いところもあるので、ある程度合意出来たら物理的に引っ張って投票所に車で連れていくことも頻繁にあります。また、福祉施設などに住む高齢者の場合、郵便投票を代わりに出しに行くようなこともあります。

投票率が高くなることは決していいことではなくて、無党派層は、中間的な思想を持った判断力のある人ではなくて、はっきりいえば判断力に欠ける人たちです。この判断力のない人を無理やり選挙に連れて行っています。

ハイテク・ドブ板選挙が生んだポピュリズム

前嶋氏　早稲田大学の田中愛治総長は、90年代の日本の政治状況を見て、「積極的な無党派層が選挙を決める」とおっしゃっていました。確かに当時の日本は55年体制が終わって党派性が崩れてきたときなので、積極的に物事を考えていく無党派層がいました。その人たちの政治参加が鍵でした。

アメリカの状況は全く違います。アメリカでは「積極的な無党派層」は形容矛盾です。無党派層は無関心層であり、その人たちを無理やり選挙に連れて行くために、両党ともポピュリズム的な政策に偏ってしまう。そのような状況に、いま、アメリカはあるわけです。

そのような状況が可能になったのは、データ分析が非常にうまくなったからです。マイクロターゲティングは、本格的に２００８年選挙から始まり、２０１２年選挙では完成し、それ以降、両党は現在まで激戦州の無党派層のデータを蓄積しています。

マイクロターゲティングなので、個々の有権者の動向を徹底的に洗い出しています。

例えば、ある人が、これまでの5回の大統領選挙で1回も投票したことがなければ、その人のところへは戸別訪問することはありません。しかし、ある人が、1回は選挙に行ったことがあって、それも自分側の政党へ投票していれば、そこをターゲットに戸別訪問します。無党派の中のどちらかの政党寄りであると考えられるためです。

その人が投票に行って、自分側の政党へいれたかどうかは、一部の郡では選挙を管理する側が投票の結果まで見せてくれるところがあるからわかります。そもそも聞き込みを入れるとわかってきます。これに加え、ネットの書き込みとか、ブローカーから売られているクレジットカードのデータとか、それらを分析していくと、かなり精度が高い人物像がわかります。

そして、その人をターゲットに人海戦術でボランティアを送って自分の陣営側への投票を促すのです。そのとき、ボランティアにはｉＰｈｏｎｅやｉＰａｄをもたせて、個々のデータを参照させながら、ドブ板選挙をします。ハイテクを使ったドブ板選挙です。

その結果が例えば、トランプというポピュリストを生み出したのです。

編集部　**そうなると、そのハイテク・ドブ板選挙が分断をより一層深めているといえるのですか？**

前嶋氏　そうです。それが分断の核の一つです。アメリカは選挙マーケティングの国なので、選挙産業が非常に大きくなっています。その選挙産業が分断を作っています。選挙では「ＵＳ vs ＴＨＥＭ」（我々か敵か）ですので、相手の悪口を言って敵対関係になります。

選挙産業が、データを使って選挙民を分析し、ハイテクのドブ板選挙をし、同時にポピュリスト的な言動で相手を攻撃し、ＳＮＳでそれを拡散し、分断を激しくしているのです。その選挙産業をトランプもハリスも使っています。

だから、より一層分断は激しくなっていくのです。そして、ここにきて定着してしまいました。昔は、このような状態ではありませんでした。

80年代まで、アメリカは選挙戦で戦っても、議会では票の貸し借りが―logrolling（ログローリング）といいますが―行われていました。民主党が共和党に対して、あるいは共和党が民主党に対して。「一部が賛成してくれたら、あとから俺たちがお前たちの党の政策に賛成するよ」というような票の貸し借りをしていたのです。

いまでは、あり得ません。１９９４年の中間選挙で共和党が48年ぶりの多数派を奪還し、ギングリッチ下院議長が登場しますが、この中間選挙で、アメリカの政治状況が決定的に変わりました。ここから「US vs THEM」になっていったのです。

選挙に限らず、ギングリッチ主導で政策運営でも対立的な法案を作っていきます。

アメリカの分断は、政治学でいう政治エリートである議会から始まって、それが国民まで広がっていったといえるのです。それが目立つようになったのが、1994年の中間選挙からです。

アメリカの伝統的選挙は空中戦

編集部　戸別訪問はすでにこの時からあったのですか？

前嶋氏　戸別訪問、アメリカでは地上戦（grand wars）といいますが、これが復活したのは2004年といわれています。このときから選挙民のデータ分析が始まりました。それまではデータ分析が十分でなかったため、戸別訪問ができなかったのです。

アメリカの伝統的な選挙は空中戦（air wars）、です。アメリカの面積は日本の約26倍、テキサスだけでも日本より大きい面積です。

そのため、かつてはテキサスで上院議員選挙をしたら戸別訪問など無理で、徹底的にテレビでCMを流すのが伝統的な選挙の戦いでした。空中戦はテレビでの選挙CMが定着した1950年代からの伝統です。これは、いまだに続いています。

ただし、最後のちょっとした票を動かすのに、使われたのが地上戦です。ラジオ以前、新聞広告以前まではそうでしたから、先祖返りといえます。

アメリカの民主主義は「vote for me(「私に一票」)という言葉があるようにひとりひとりに訴えることが基本といわれていました。ただ、これは、空中戦になると直接、選挙民に会って、そんなことを言うことはできませんから、ある意味、「vote for me」は半分ジョークになっていました。

しかし、2004年に、これが復活したのです。

ジョージ・W・ブッシュ(41代大統領)の側近で、政治コンサルタントにカール・ローヴという人物がいました。彼が地上戦に力を入れ始めたのです。当時、福音派などをこの方法で、固めました。

ただし、このときには、まだビッグデータはできていません。それが2008年のオバマのときに様々なデータをとるようになり、2012年では、それが確立しました。

これ以降、地上戦が空中戦と並び、制度化されてきました。ただし、ビッグデータはサイバー戦でもあるので、ハイテク・ドブ板選挙といえるわけです。データを駆使して、票の掘り起こしをするのですが、両党が票の取り合いでバッテングすることは、実はほとんどありません。激戦州のジョージアを挙げれば、民主党側でしたら都市部の黒人、共和党側だったら宗教的色彩の強い田舎の人、と州の中を細かく見て票の掘り起こしをします。同じ場所で同じ人を取り合うのではないのです。さらにその中でも個人個人をターゲットにしていくのは上述の通りです。

そのような分析ができるようになったのは近年です。高度になればなるほどお金がかかります。アメリカの選挙にお金がかかるのは、以前はCMだったのですが、いまはデータ収集や分析にもお金がかかります。

これらの収集、分析には、どんな言葉がターゲットとなる有権者に強くインパクトを残すのか、の政治心理学的な実験も含みます。以前は何人か集めて、話を聞くようなフォーカスグループ調査からヒントを得ていました。

どんな言葉が刺さるのか調査します。共和党支持者には「偉大な国」という言葉が刺さる、民主党支持者には「妊娠中絶禁止は自由を奪う」という言葉が刺さる、とわかれば、党大会のテーマや大統領候補のスローガンにしていきます。

いまは、これに加えてインターネットを使った実験調査などを行っています。

このように統計的なデータ分析で選挙対策をします。アメリカでは、アメリカ政治を専攻した人の多くが計量中心の授業をとっているので、社会調査の設計からデータ分析までできます。私も学びました。現在、選挙産業は、データ分析ができる人をどんどん採用していて、特に博士号をとった人を多く採用しています。

選挙産業の様々な分析にもとづき、今回の民主党大会では「フリーダム（自由）」を大統領選の新たなスローガンにしました。民主党側にとって、なぜこの言葉が重要だったのか。それは司法の判断で、それまで女性に与えられていた中絶の権限を州政府が持つことになったためです。11月の大統領選挙にあわせ、中絶の是非を問う住民投票を実施する州も数多くあります。

意図的に「自由」という言葉を用いたのは、むしろ、「大きな政府」は共和党であり、「いつもなら『自由』を唱える方が、実は『自由』を奪っている」という民主党側からの強いカウンターパンチでした

共和党側は「Make America Great Again（アメリカをもう一度偉大な国に）」でした。

トランプと言えば、この言葉は定番です。「民主党から国を奪い返す」というメッセージです。

このように選挙戦では言葉を科学的に選びながら抽出し、テレビCMでも流すし、戸別訪問でも使っていきます。一方で選挙に向かわせるための言葉である分、「US vs THEM」になり、さらには戸別訪問でも使えるように過度に強調したものになります。だから、すごくポピュリスト的になっていくのです。

・・・

人口動態が変わればデータは変わる

編集部　データが蓄積されていけばいくほど、分断が深まっていってしまうのでしょうか?

前嶋氏　データが先に動くのではありません。人が動いているので、データが動くのです。だから、人口動態が変わればデータが変わります。

共和党では人種マイノリティが増えています。そうなると、いずれ白人至上主義者向けのメッセージから、人種マイノリティ向けのメッセージが強くなってくると思います。

民主党も同じです。お金持ち民主党員が増えてくると、所得再分配のメッセージは恩恵を受ける貧困層へのメッセージから、お金を供給する側へのメッセージに意味が変わってくるかもしれませんし、なくなるかもしれません。

アメリカは大統領選ごとに激戦州も変わっています。2000年の一番の激戦州はフロリダ州でした。2012年の一番の激戦州はオハイオ州でした。2020年はノースカロライナ州とペンシルバニア州でした。このように大統領選ごとに激戦州になったり、ならなかったりしています。人口動態はどんどん変わっていくのです。

現在、激戦州は中西部が多いですが、これも変わっていくかもしれません。中西部の人口はどんどん減ってきています。

編集部　人口動態が変わると分断の状況も変わるのでしょうか

前嶋氏　人口動態が変わると社会の構造も変わります。分断が進んでいる理由のひとつに、南部の人口が増えていることもあります。

　１９９０年代はじめごろまでは民主党にはふたつの派閥がありました。保守的な南部民主党（Southern Democrat）とそれ以外のリベラルな民主党です。中西部の民主党の一部もこの保守層でした。

　南部民主党を支持している人たちにとっては、「民主党側に裏切られた」という意識があります。どういうことかというと、第二次世界大戦以降、ずっと民主党が強かったのですが、この間、民主党がやったことは、リベラル判事を最高裁に送って１９７３年に人工妊娠中絶を「ロー対ウェイド判決」で合法化しました。その前の１９６０年代後半には公民権投票法で人種平等や多様性を目指しました。

　そこに目をつけたのが共和党です。共和党側に来なさいということで、福音派をどんどん共和党に取り込んでいきました。１９６８年の大統領選挙におけるニクソンの南部戦略（Southern strategy）がそのはしりで１９８０年の大統領選挙でレーガンが大勝した際には南部からの強い支持がありました。それ以降、世代交代の影響もあり、保守的な南部民主党の議員が引退するとその議席は共和党が占めていくことになります。南部民主党の議員がなくなって、あるいは引退すると、次に議員になるのは、同じ考えを持つ共和党の人物なのです。

共和党もかつては北東部を拠点とした「ロックフェラー・リパブリカン（Rockefeller Republican）」というリベラルな派閥がありました。共和党はリンカンのときは奴隷解放を目指した党ですから、その名残です。共和党が保守化していくのと同時に、リベラルな共和党議員が引退すると、その議席は民主党が占めていくことになります。

・ ・ ・

ただ、ここで重要なのが人口動態の変化です。ラストベルトの中西部の人口が減って、南部に移動してきて、南部の人口が増えていきました。取り込んだだけでなく、人口も増えていくので、大統領の選挙人の数も増えます。上院は各州2人で固定です。下院は全州必ず1人はいますが、あとは人口比です。現在、ニューヨークやペンシルベニアの選挙人が減って、テキサスやフロリダが増えています。そういう状況で、民主党と共和党の数がかなり拮抗したのです。南部、中西部は共和党、西部と北東部が民主党とすみ分けが出来てしまいました。人口動態がアメリカを変えます。社会の争点も変えます。

そもそもアメリカの人口増加率はＯＥＣＤ加盟国で一番です。アメリカは常に変化しつつあります。

南部に移っている企業

前嶋氏　南部になぜ、人口が増えているかというと、企業が移っているということもあります。これは、日本だと驚かれますが、南部の州は労組を潰そうとしています。南部の州は共和党が強くて、労組に入らない権利、労働権法（Right-to-Work Laws）と総称される州法があり、いわゆるユニオン・ショップを禁止しているのです。労組に入らなくても働くことができる権利を認めています。

そうなると、企業は、労組と闘わずに済むので、北部から南部へ移っていきます。日本企業も、トヨタはテキサスに、日産はテネシーにアメリカ本社があります。

余談ですが、いま問題になっている日本製鉄のＵＳスチール買収は逆です。日本製鉄のアメリカ本社はテキサスのヒューストンです。にもかかわらず、ＵＳスチールのあるペンシルベニアのピッツバーグに本社を移転するといっています。労組が強い州に動くので、企業としてはあまりいい手とはいえません。

しかし、トランプもハリスも日本製鉄によるＵＳスチールの買収には反対なので、どうなるかわかりませんが……。
日本製鉄もそのひとつですが、多くの企業が南部に移動してきています。産業が増えているので、かつてはディープサウスだったのが、サンベルト、輝く南部になっています。それによって人口も増え、下院の議員数も大統領の選挙人も増え、政治的な影響力も増しています。

新しい層が生まれている南部

編集部　このままだと、共和党が勢力をより拡大していくように感じますが……。

前嶋氏　そんなに単純な話ではないのです。共和党は議会でほぼ互角にはなりましたが、新しくアメリカに来る人種マイノリティの多くは民主党に入れます。例えばネバダやジョージアが激戦州になっているのは、新しく入ってきた人種マイノリティのヒスパニックが民主党に入れるからです。ジョージアには黒人も多くいます。
彼らにとって民主党の所得再分配政策が生活に助かるので、民主党に入れます。

南部の人口が増えていますが、人口動態の状況は大きく変わっています。現在は、必ずしも共和党だけに有利に働いているわけではありません。

さらに、テキサスのダラスなどは、かつては保守の牙城でしたが、現在、街中はかなりリベラルになってきました。

それは、カリフォルニアから移動してきたリベラルな人たちが多くいる人からです。テキサス全体は保守ですが、ダラスはそのような状況です。アメリカを代表するいくつかのＩＴ企業がカリフォルニアからダラス近郊に移動しましたが、その従業員がゴリゴリの共和党支持者ばかりではないので、保守度も薄まっているのです。

そのような状況なので、共和党がこのまま強くなっていくとはいえません。今後、大統領選を2回、3回と重ねていくうちにテキサスが激戦州になる可能性はあります。

分断と拮抗が生み出すアメリカの国力の低下

編集部　アメリカの分断にとって大きな問題と何でしょうか？

前嶋氏　いまのアメリカは分断プラス拮抗なのです。これは病理でしかないです。分断プラス拮抗なので、常に緊張的な対立状態が続いています。

そして、動かない政府になります。議会も拮抗しているので、なかなか決まらない。民主党政府が何かやろうとすると対立する共和党から激しい抵抗がきます。

バイデン政権の最初の2年間は大統領が民主党で、上院も下院も民主党が多数派でした。これを統一政府（unified government）といいますが、これだったので、いくつかの法案は通りました。例えば、気候変動対策の法案、ＥＶへの支援とか、インフラ投資とか、コロナの支援とかも通りました。

一方で、バイデン政権の後半の2年は、下院は共和党が多数派になったので、まったく動きません。動かない政治になって、ウクライナ支援を決めるのに1年半かかりました。ウクライナが戦争しているときに予算を止めたのです。ウクライナ支援は大統領の裁量予算の中で出していましたが、これは小手先です。額が少なすぎます。大統領令は強いですが、大きなお金は動かせません。結局、最後はトランプが議会に行って、マイク・ジョンソン下院議長と話して、トランプが通していいからとＯＫを出しました。

議会が決めた額は、大きな額です。ウクライナの軍事予算1年分より大きいのです。

このように、分割政府（divided government）といいますが、これになると、大統領の政党と上下両院のひとつでも政党が違うと、割れてしまいます。

日本の場合はねじれ国会といいますが、日本の場合は衆議院と参議院が違うだけですが、アメリカの場合は、大統領もいるので、すぐにねじれ、分割が発生します。だから、気候変動対策も、所得再分配の政策もここ1年半は全く動いていません。

これは国力に対して大きなマイナスになります。安定した政策がすすめられません。今回の選挙でトランプになれば、大きな反動がきます。

まず、移民対策が大きく変わります。国軍を送ることは大統領の権限で可能なので、国境に国軍を送り、難民に銃を突き付けて難民申請を止めさせるはずです。とんでもない国際法違反なのですが、トランプはこれをやろうとしています。

また気候変動対策も大きく変わります。国立公園指定は大統領の行政権限なので、そこの天然ガスの掘削を大統領が認めることができます。「掘って掘って掘りまくる（drill drill drill、もしくはdrill, baby, drill）」という言葉があります。トランプは「これからは化石燃料の時代だ」というわけです。

大きな政策変更が出て、政策が安定しない。これが分断プラス拮抗の病理です。

さらに、流言飛語が飛び交います。2020年選挙で、バイデンが不正をして大統領になったと、いまだに共和党支持者の7割がそう信じています。驚くべき数字です。

自分の知りたいことは信じますが、そうでないことは信じない。デマが飛びやすくなります。嘘を信じ込んで、他を受け付けません。

拮抗しているため、自分と反対の意見は全く認められないのです。各種世論調査によると、アメリカでは、現在、国民の10％以上が、自分の考えと違う政権になったら、暴力的に止めていい、と意識調査の結果が出ています。

その拮抗はより激しくなっています。

上述のように、ここまでのバイデンとトランプの戦いは大僅差で、ハリスになってもその傾向が続いています。

今後の動きでどうなるか分かりませんが、いまの状況は2020年以上に接戦なので、このままいけば、よりデマが激しく行き交うことになります。暴力を含んだ流言飛語がでることになるでしょう。

その意味で映画『シビル・ウォー（内戦）』は遠くない世界だといえます。

分断が極まったアメリカの映画『シビル・ウォー』

編集部　ちなみに、前嶋先生は映画『シビル・ウォー』のパンフレットに解説を書いていらっしゃいます。分断が強く意識された映画なのでしょうか？

前嶋氏　分断が極まったアメリカの映画です。そして、登場する大統領がトランプ的なのです。発言が似ていたり、憲法改正で大統領の3選を認めていたりしています。トランプも3選を公言しています。アメリカの大統領は2選、8年までで3選を禁止しています。トランプはそれを変えようとしています。

そこに登場するのが、西部勢力（WF）と呼ばれる反政権軍で、大統領の政府軍と戦います。

バックグラウンドは分断ですが、そこは描かれていません。ただし、アメリカの人が見れば、分かるようになっています。WFはカリフォルニア州とテキサス州が組んでいますが、WFには人種マイノリティや女性が多いのです。大統領の言葉も何となくトランプに似ています。

テキサス州がＷＦの一角であるのが、この映画のポイントです。先ほどお伝えしたようにテキサス州で急速にリベラル層が流入しているのがこの映画の背景の一つです。

これをどう捉えるかですが、これは映画を見た人にゆだねられています。

実際、民主党支持者が多い州（ブルーステーツ）と共和党の支持者の多い州（レッドステーツ）が戦えば、南部に多くの企業が移動しているとはいえ、経済力ではブルーステーツの圧勝です。バランスもあって、映画ではカリフォルニア州とテキサス州を組ませているのかもしれません。この映画をどう解釈するかは、映画を見た方にお任せしたいです。

悲しいことにハリスが勝ったら起こる悲劇

編集部　話を元に戻します。現在の民主党と共和党の分断と拮抗が起きている状況で、ハリスが勝てば、２０２１年の議会占拠以上のことが起きる可能性があるということですか？

前嶋氏　逆説的な言い方では、トランプが勝った方が、まだ安心してアメリカを見ることができるといえます。本当は、こんなことになっていけないのでしょうけど、ハリスが勝つと、何が起こるか分かりません。

２０２１年には議会占拠になりましたが、今回は12月にある各州で選ばれた選挙人の投票を実力で阻止する可能性が指摘されています。そうなると、大統領を選ぶことができなくなります。

トランプを支持する人の中には、トランプの敗北を銃も含む実力でひっくり返すことを厭わないものもいます。その人たちは自分たちを殉教者であり、愛国者であると思っています。ハリス政権を許さないのが正しいと考えています。

一方、トランプ政権になると、法を逸脱するような権威主義的な動きがでてきますから、これも問題です。

ハリスになっても、トランプになっても、大統領選挙後が危険なのです。テロの可能性もあります。以前は、ＯＥＣＤ加盟国で、ヨーロッパの方が左派と右派の角逐が激しかったのです。新自由主義をめぐって争いがありました。

いまが分断のピークだが……

前嶋氏　ここ30年で、アメリカの方が、分断が進んでいます。１９９０年ごろまでは、アメリカは左右に分断されずに中間が維持されていました。共和党と民主党の票の貸し借りもありましたし、共和党の大統領になっても、政策的には中道でした。

ちなみに、日本はＯＥＣＤ加盟国の中で、もっとも分断されていない国です。韓国は分断されています。アメリカと韓国は分断されていて、その次がヨーロッパです。

ピュー・リサーチ・センターの、分断状況を調べる質問用紙には、20ぐらいの設問があります。例えば、「黒人が貧しいのは、社会のせい」なのか、１・２・３・４・５段階あって、強く思う人は5に○をつける。同じく黒人が貧しいのは、自分の努力が足りないのか、１・２・３・４・５段階あって、強く思う人は5に○をつける。

このような質問が、経済や妊娠中絶などにわたってされています。この調査をもとに保守とリベラルと政党の関係性を見ます。黒人の貧困が社会のせいだと思うのがリベラルで、努力が足りないと思うのが保守ですが、以前は、支持政党が民主党であっても共和党であっても、両方に、社会のせい、努力が足りない、の回答がありました。いまは、保守が共和党で、リベラルが民主党とはっきり分かれています。

分極化が、両党のイデオロギーが離れていくと同時に、両党の凝集性が高まっているのです。

以前のアメリカは、分断はありましたが、拮抗していませんでした。だから、それほど分断が問題になりませんでしたが、いまは拮抗しています。

KKK的な言動をしても、以前であれば、「何をバカなことといっているんだ」で終わっていましたが、いまは、大きな勢力になっています。

KKKは以前であれば、白いフードをつけて行進していましたが、今は外しています。顔を見せても問題ない時代になってしまいました。それだけ、市民権を得てしまったのです。

ただし、分断は、いまがピークだと考えています。ピークですが、それが、ほんの少しさがったところだと思います。トランプ大統領に対する支持率をみると、政権末期では共和党支持者と民主党支持者の差が9割ぐらいありました。バイデン政権では現在、8割ぐらいです。8割と9割は似たようなものですけど、それでも、少し下がったといえます。

このままいけば、まだ、10年くらいかかると思いますが、少しずつ下がっていくと思います。1989年1月20日から、1993年1月20日まで大統領をしていたジョージ・H・W・ブッシュ（39代）に対する共和党支持者と民主党支持者の差は調査会社のギャラップで見ると、平均38です。党派性による支持の差がトランプ時代には、38が90まで伸びました。バイデン政権下では80台まで下がりましたが、まだピークアウトとまではいえません。

ただ、新しい兆候であって将来に希望が持てます。しかし、当分は、分断が続いていくでしょう。まだまだ終わりません。

前嶋和弘（まえじま　かずひろ）
上智大学教授、アメリカ学会前会長、1965年静岡県生まれ。上智大学外国語学部卒業、ジョージタウン大学大学院政治学部修士課程修了（MA）、メリーランド大学大学院政治学部博士課程修了（Ph.D.）。現在、テレビや雑誌、ラジオやインターネットでアメリカ政治について積極的に発言している。著書に『キャンセルカルチャー』（小学館）、『アメリカ政治』（共著、有斐閣）、『宝島社新書　トランプ人気の深層』（共著、宝島社）などがある。

Column

「分断」を知るキーワード1

分断の歴史と両党の支持層

ここでは、分断の歴史と、民主党と共和党の支持基盤について解説する。本章でもインタビューさせていただいている前嶋和弘氏が宝島社新書『トランプ人気の深層』で、その内容について語っていただいているので、前項と少し重なる部分もあるが再録しよう。

アメリカの分断の起源は公民権運動

編集部　アメリカの分断の始まりはどこになるのでしょうか？

前嶋和弘氏（以下、前嶋氏）　現象的な始まりはティー・パーティー運動（2009年に始まったとされる保守派のポピュリスト運動）といえますが、本質的な始まりは、公民権運動まで遡ります。

現在、アメリカの南部は共和党の地盤ですが、もともとは民主党の保守の地盤でした。それが、1950年代から70年代の公民権運動や女性の人工妊娠中絶の運動に民主党が加担したということで、アメリカ南部の保守的な民主党支持者たち、サザン・デモクラットといいますが、その人たちが民主党から離れていくのです。

第二次世界大戦後のアメリカは全体的にリベラリズムが優勢で、民主党も党内の多数派はリベラルでした。そして共和党の一部には人工妊娠中絶や人種間問題に関しては民主党よりもリベラルな面がありました。政党的には民主党の方が強かったのです。

しかし、民主党支持であっても、特に人工妊娠中絶には、宗教保守の人たちは反対でした。そして、共和党が、宗教保守の人たちを取り込もうと、彼らの支持を得るためのスローガンを掲げ、彼らの受け皿になっていったのです。

そのため民主党が保守とリベラルに割れて、保守が共和党になだれ込んで、いまの保守的な共和党になっていきました。もちろん、東部に残っていたリベラルな共和党の議員もひとつひとつなくなっていったのです。そして、１９９０年代の頭ぐらいまでは、南部の保守的な民主党と、東部のリベラルな共和党が多少残っていましたが、いまは全く残っていません。これが、アメリカ政治における保守とリベラルの大きな流れです。そして、オバマ政権時代に始まったティー・パーティー運動が、いまのトランプの支持につながる大きな動きになります。選挙地盤的には、あまり選挙に行かない人が、ティー・パーティー運動などをとおして、共和党保守、ひいてはトランプの支持基盤になっていきました。

編集部　支持基盤はどのように変化するのでしょうか？

前嶋氏　クリントン大統領は南部アーカンソー州の出身です。その時の副大統領はゴアですが、彼は南部テネシー州出身です。彼らは保守というより民主党の中道の政治家ですが、南部に支持基盤がありました。

クリントンはアーカンソー州の知事でしたし、ゴアはテネシー州の上院議員でした。しかし、今では両州の民主党の議員はほぼ全滅です。両州の住民は共和党の政策にひかれるようになり、共和党の支持者になりました。人的つながりがなくなることにより、自らの気持ちに近い政党の支持者に変わるのです。

特に、下院の場合はゲリマンダリングということが起きます。アメリカの下院は10年に一度の国勢調査で、選挙区を見直します。見直すのは州ごとで、そこの議員たちが選挙区の見直しをします。

そのため、その州で有利な政党が、より有利になるように選挙区の線引きを変えてしまうのです。南部だったら共和党が強いですが、より自分たちが勝てるように選挙区を組んでいきます。飛び地とかとんでもない形になっても気にせず、民主党の支持者や中間層がいたところが少数になるよう選挙区の範囲を変えてしまうのです。

もちろん、民主党も同じことをします。それによって、強い政党はより強い地盤ができてしまい、イデオロギー的にも固定化されます。ちなみに、ゲリマンダリングはサラマンダー（サンショウウオ）のもじりです。選挙区の線引きを変えてしまうことで、まるでサンショウウオみたいな形の選挙区ができてしまうからです。

福音派と小さな政府、そして怒れる白人が共和党の支持層

編集部　リベラルと保守が明確に分断しているのは、そもそもアメリカの国民の考え方が大きくリベラル側、保守側とわかれているからでしょうか？

前嶋氏　そうです。共和党の支持基盤で一番大きいのが福音派です。南部の宗教保守の人たちです。1980年代ごろまで、この人たちは、民主党に入れたり、選挙に行かなかったりしていました。

共和党で、この人たちを動員したのが2004年の大統領選でブッシュ・ジュニアの選挙参謀だったカール・ローヴです。彼が福音派の人たちを動員して選挙に行かせました。現在は、動員をかけなくても福音派の人々は投票に行きます。

福音派はアメリカの人口の20%から25%います。投票行動は100%共和党ではありませんが、それでも8割強が共和党に入れます。莫大な数です。彼らが共和党の支持基盤の中核です。そのため、共和党が掲げる政策も福音派寄りになり、人工妊娠中絶反対となり

ます。このことを象徴するのが、１９７３年の「ロー対ウェイド判決」で人工妊娠中絶が合憲であるとしたものを、米連邦最高裁が２０２２年6月24日に覆したことです。

トランプが9人中6人を保守派の判事にしたことの結果です。人工妊娠中絶の是非は各州で決めることができるようになりました。これに対して、福音派の人々は非常に喜んでいます。

共和党の支持基盤には小さな政府、減税を求める人たちがいます。この人たちと福音派が一緒になっています。さらに、数としては少ないですが怒れる白人たちがいます。

この怒れる白人たちが、最後のピースとして、ティー・パーティー運動のあとに共和党支持になった人たちです。この人たちがトランプの支持層になっているわけです。

多様化と所得再分配を求める層が民主党の支持層

編集部　民主党の支持層はどういう人たちなのでしょうか？

前嶋氏　民主党の支持層のひとつは所得再分配をいままで以上に強く打ち出す人たちです。

これは共和党の減税と対立する主張になります。また、福音派と対照的ですが、より多様性を求める人たちが民主党の支持者です。ＬＧＢＴＱや様々な人種に対しても平等の権利を訴えます。

現在もアメリカの人口は伸び続けています。私が大学生だったバブルの頃、１９８０年代ですが、アメリカの人口は日本の倍で2億5千万人でした。いまは3億4千万人です。

ＯＥＣＤ加盟国の中で、これほど人口が伸びている国はありません。ただし、これは出生率が伸びているのではなくて、移民なのです。

移民が入ってくるので、より多様性を求める人たちが増えていきます。そうなると、民主党の支持層が増えて、共和党が負けてしまいます。だからこそ、最後のピースとして怒れる白人たちを、共和党は支持層に取り込んだのです。

さらに移民の中にも、アメリカで長く働いて、すぐに投票権を持つわけではありませんが、収入が増えて、減税を求めて保守層になっていくケースもあります。さらに、経営者になって規制緩和を求める人たちもいます。

共和党はこの層を狙っています。この層にはヒスパニックもアジア系もアフリカ系もいます。そして、少しずつ、この層を取り込んでいます。

（２０２４年4月11日取材）

Column

「分断」を知るキーワード2

映画『シビル・ウォー アメリカ最後の日』

前嶋氏のインタビューでも触れている映画『シビル・ウォー』は、分断されたアメリカの政府軍と反乱軍の内戦（CIVIL WAR）を描いた映画である。そして、主役は若き報道写真家の卵、ケイリー・スピーニー演じるジェシー。彼女が内戦の現場を取材していくにつれて、成長していく物語だ。

伝説の女性報道写真家、リー。彼女も主役の一人だ。演じるのは『スパイダーマン』の主役も務めた実力派の女優、キルステン・ダンスト。

彼女と記者のジョエル（ワグネル・モウラ）は、大統領の取材を目指して、ニューヨークからワシントンD.C.に旅立つ。内戦が続くニューヨークからD.C.まで1379㎞の道のりをワゴンで走破していく。

ジェシーは、憧れのリーと取材を共にしたくて、無理やり記者のジョエルに頼み込んで、ワゴンに同乗させてもらう。さらに、リーの育ての親ともいえるベテラン記者のサミー（スティーヴン・マッキンリー・ヘンダーソン）も、内戦の最前線を取材すべく同乗する。計4人の旅路となった。

アドレナリンがでまくる報道現場

この映画を見て、私はいたく共感したところがある。13年前、3・11の東日本大震災のとき、私は、いまはなき雑誌『宝島』の編集長をしていた。そのとき、テレビから流れてくる津波の映像に興奮が収まらなかった記憶がある。

同じようなシーンが、この映画にもある。ニューヨークからD.C.に向かう途中の最初の夜。4人が車の中で野宿をするのだが、遠くでは爆発音と火柱が上がっている。

そのときに少し酒の入った記者のジョエルがいう。

「この戦場音を聞くと、おったつんだ！」

言葉は下品だ。きっと、私が編集者をやっていなかったら、共感できなかったかもしれない。しかし、少しでもメディアの世界にかかわった人なら、だれでも、思わずうなずいてしまうだろう。

取材現場では、アドレナリンが出まくる瞬間がある。そのアドレナリンに刺激されて危険な場所でも飛び込んでいくことができる。そこに善悪はない。そんなシーンがこの映画では随所に出てくる。

この映画に半端なシーンはない。戦争を綺麗に描こうともしていない。映像は非常に美しい。戦争と対比するように、豊かなアメリカの田園シーンも出てくる。しかし、それはリアルだ。死体もゴロゴロ出てくるし、殺されるシーンも、リンチされるシーンも、目を開けて見ていられないほどだ。さらに、戦闘シーンも、まさに現場にいるかのように、臨場感を超えて非常にリアルに描かれている。

何のために報道するのか？

だからこそ、伝説女性写真家のリーは常に悩む。戦場写真家は必ず死を目撃することになる。そして、それを撮り続けなければならない。撮り続けることが彼女たちの使命であるからだ。

この映画には、ほんの少しだが、「マグナム」という報道写真家の集団の名前が出てくる。ロバート・キャパがいたことで知られる写真家集団だが、そのロバート・キャパを有名にした写真は、スペイン内戦で銃に撃たれて倒れる兵士の瞬間を撮った一枚だった。

戦場写真家は撃たれて倒れる兵士を撮らなければならない。そうでなければ、彼らの存在価値はない。この映画も随所にそのシーンがでてくる。さらにそれはモノクロで描かれる。モノクロで描かれるから、あたかも芸術に昇華された一枚のように見える。

しかし、そこに映されたことは非常に残酷だ。だから伝説の女性写真家、リーは悩む。撮っているときはまだいい。一度、アドレナリンがでれば怖くもないし、善悪もない。だが、ふと我に返ったとき、それが自らを苦しめるのだ。

映画『シビル・ウォー』は、この新書が発売になる前に公開される。10月4日からだ。すでに見た人も多いだろう。そして、これから見る人も多いだろう。見終わったら、考えてほしい。戦争とは何か、分断とは何か、美しい映像中で描かれた人々の死とは何か。そして、それを報道し目撃することは、どんな意味があるのか？

この映画の見る価値は、そこにあると私は思う。

（編集部）

『シビル・ウォー アメリカ最後の日』（日本公開２０２４年10月４日）
監督・脚本：アレックス・ガーランド
出演：キルステン・ダンスト、ワグネル・モウラ、スティーヴン・マッキンリー・ヘンダーソン、ケイリー・スピーニー
原題：ＣＩＶＩＬ ＷＡＲ｜２０２４年｜アメリカ・イギリス映画｜１０９分｜字幕翻訳：松浦美奈｜
提供：ハピネットファントム・スタジオ 配給：ハピネットファントム・スタジオ

『CIVIL WAR』アメリカ版ポスター
（写真／アフロ）

第二章　アメリカの分断と宗教

松本佐保氏
（日本大学国際関係学部教授）

松本佐保氏（日本大学国際関係学部教授）インタビュー

妊娠中絶、同性婚、再生医療、ワクチンで対立する福音派とリベラル

トランプを支持するキリスト教福音派。アメリカでは最右派の宗教保守として認識されている。そして、それと対立する民主党のリベラル。その対立の根源はどこにあるのか？さらにキリスト教の中でも大きく分かれているカトリックとプロテスタント、また人種間でも信仰するキリスト教グループは違う。そのまだら模様のアメリカの宗教と対立を、国際政治と宗教の関係を研究する松本佐保氏に聞く。

（2024年9月7日取材）

キリスト教の解釈の違い、信仰心の違いが生み出す分断

編集部　基礎的で根本的な質問ですが、アメリカの分断において宗教は大きな要因なのでしょうか？

松本佐保氏（以下、松本氏）　宗教には、大きくふたつの分断があります。ひとつはキリスト教に関しての解釈の違いがあります。

そして、もうひとつは、若い人たちの間でキリスト教はそこまで重要じゃないという信仰心の薄い人たちが出てきている状況です。非常に信仰心が篤い人と、宗教は二の次だという人の分断があります。

編集部　そういう分断の中で、カマラ・ハリスの宗教的立ち位置は、どのようなものなのでしょうか？

松本氏　アメリカでは宗教による分断があるだけではなく、宗教以上に人種による分断があります。キリスト教会もバプティストのグループはプロテスタントですが、黒人教会と白人教会が別々に発展してきました。

最近は、人種で教会を分けるのはおかしい、キリスト教は人種で人を分けていない、という議論が起きていますが、それでも、黒人教会と白人教会はわかれています。

カマラ・ハリスさんはインド系ですが、父親がカリブ系であったので、長い間カリフォルニアにある黒人バプティスト教会に所属していました。現在、その教会に通っているのかまではわかりませんが、そこの主任牧師はブラウン牧師という方で、公民権運動を指導したキング牧師の直弟子です。

彼女は民主党なので、政治に宗教を持ち出すことはないでしょうが、宗教的には、そう理解されています。

ハリスにある公民権運動と黒人バプティスト教会というバックグラウンド

編集部　ハリスは、白人教会と対立していたのでしょうか？

松本氏　対立とまではいえませんが、歴史的に黒人教会と白人教会は別々でした。教会の成立に関しては、古くは奴隷制度まで遡りますが、現在、奴隷制度はなく差別も和らいできています。しかし、差別は決してなくなったわけではなく、残っています。

そのため、先ほど話したように。ここ10年ぐらい黒人バプティスト教会と白人バプティスト教会を一緒にしようという動きがでてきましたが、まだまだ一緒になっていません。特に南部は奴隷制度の差別が根強く残っているので、統合するのは非常に困難になっています。対立しているわけではないですが、差別ゆえに統合はできない状況です。

アメリカでは一滴でも非白人の血が入ったら、そこからは非白人と見なされます。一滴でも黒人の血が入っていれば黒人です。だから、オバマ大統領も実は同様で、彼も黒人です。

民主党の歴代の大統領候補は、あまり宗教を前面に出しませんが、オバマさんやハリスさんなどの黒人の民主党の候補の方が、白人よりは宗教心が強いのを感じます。黒人教会に所属しているというアイディンティティがどこかにあると思います。

オバマさんが大統領になったときに、公民権運動にかかわっていた黒人の牧師が、「ついに黒人大統領が誕生した」と号泣するシーンがでてきました。カマラ・ハリスさんも熱心な信者かどうかはわかりませんが、彼女の所属は黒人バプティスト教会で、その系統はキング牧師までたどれます。ハリスさんには、公民権運動と黒人バプティスト教会というバックグラウンドがあると思います。

編集部 黒人バプティスト教会と白人バプティスト教会では支持する政党は違うのでしょうか？

松本氏 そこまで明確ではないと思いますがあると思います。特に州によっても違います。バイブルベルト、南部の州にいるバプティストの白人教会の人たちは共和党のかなり保守的な人たちです。

トランプが使う母親が持っていたカルヴァン派の長老派の聖書

編集部 トランプはカルヴァン派の長老派と聞いていますが、彼は福音派といえるのでしょうか？

松本氏　福音派という言葉のもともとの意味と、いまアメリカで使われている言葉の意味が違います。もともとは聖書にある福音書を忠実に守り行動する人たちです。「福音」とはキリストの言葉で、キリストの弟子たちがキリストの生と死、復活までの言動を福音書にまとめました。

聖書に書かれていることを忠実に解釈するという傾向がある中で、極端になっているグループがアメリカでいうキリスト教福音派と呼ばれる人たちです。この人たちはトランプさんを支持し、人工妊娠中絶に反対し、同性婚を絶対に認めません。

このような南部、バイブルベルトにいる「原理主義者」の政治宗教グループを指して、アメリカでは「福音派」といいます。

トランプさんは母親がスコットランド系の長老派です。カルヴァン派はフランスに生まれたカルヴァンが源流で、それが、16、17世紀にスコットランドに伝播しました。そして、そのスコットランド系のアメリカ移民たちに広まったのがカルヴァン派の長老派です。

アメリカでは大統領に就任するときに、聖書に手を置いて宣誓します。トランプさんが使った聖書はリンカン大統領が使った聖書のレプリカです。本物は貴重過ぎて持ち出せないのでレプリカでした。

そのレプリカの上に、母親のカルヴァン派の長老派の聖書を置き、そこに手を置いて宣誓式を行いました。だから、彼自身はカルヴァン派の長老派であるとオフィシャルに見なされています。

だからといって、トランプさんは敬虔な信者ではあるかどうかは議論の余地がありますが、彼を支持しているキリスト教福音派の人たちは、そのように見ています。

福音派の人たちの話では、トランプさんは常に聖書を持っていて、演説をするときなどは、聖書のここにはこう書かれていると、そして、これはお母さんから引き継いだもので、カルヴァン派の長老派の聖書であると話すそうです。

カトリックとプロテスタントは使う聖書が違う

編集部　今年の4月にトランプは「God Bless The USA Bible」というトランプ版バイブルを出して、バイデンと宗教対立をあおっているという見方がありましたが、どのようにお考えでしょうか？

松本氏　バイデンさんとトランプさんとは聖書が違います。バイデンさんはカトリックです。カトリックは旧約聖書と新約聖書を教典としています。彼はアイルランド系の移民の子孫です。

彼の先祖は1845年頃にアイルランドで大飢饉が起き、命からがらアメリカにわたってきました。そのような極貧な状況から這い上がったアイルランド系アメリカ人のアイデンティティはすごく強いのです。

バイデンさん自身はそれほど貧乏ではありません。彼の父親が蓄財に成功し、社会的にステータスを確立しました。

そのようなアイルランド系アメリカ人であることを、バイデンさんは労働者階級を取り込むためもあって聖書を使いながら演説します。アメリカにおいてカトリックは少数派です。カトリックであるアイルランド人が、飢饉でアメリカに来た頃は、ひどい差別を受けて虐殺もありました。

白人のプロテスタント、いわゆるＷＡＳＰ（White Anglo-Saxon Protestant、ホワイ

ト・アングロサクソン・プロテスタント）から、カトリックは汚い奴で識字率も低いし、肉体労働しかしない奴らだと、差別を受けてきた歴史があります。

そこから、バイデンさんの先祖が頑張って這い上がるのですが、そのときの精神的支えが聖書でした。カトリックである彼らの聖書は旧約聖書と新約聖書があるので分厚い。バイデンさんの聖書は100年以上の歴史がありますから、分厚くてボロボロですが、重厚感があります。

一方、トランプさんの聖書はプロテスタントなので新約聖書のみです。プロテスタントも旧約聖書を読まないわけではありませんが、持ち歩くのは新約聖書のみです。だから、当然薄いです。薄いためもありますが、バイデンさんの聖書に比べて重厚さにかけます。見た目で負けている感じがします。

しかし、トランプさんの聖書は薄いですが、彼の支持者はプロテスタントなので、カトリックと聖書は違っていていいのです。

ただ、中絶問題に関しては、新約聖書にも、旧約聖書にも中絶がだめとは書いてありません。ただし、「産めよ、増やせよ、地に満ちよ」という言葉が聖書に書かれています。それを根拠に、子どもを増やすことをさまたげる中絶は悪であると、罪であると、いいます。
プロテスタントの福音派は、このことを強烈に主張しますが、カトリックにも、もともとそういう教えがあります。バイデンさんや民主党は女性の中絶権を認める立場なので、それについてはあまり大きな声では言わないだけです。

カトリックでも中絶に反対の人はトランプに入れる

編集部　カトリックの方でも、中絶に反対する人たちは、プロテスタントの福音派のトランプに投票するということは起きるのでしょうか？

松本氏　それはすでに起こっています。アメリカ初のカトリックの大統領は１９６０年代のケネディさんです。ケネディさんのときは、カトリックの90パーセント近くが彼に投票しました。
バイデンさんの時代になると、白人のカトリックの人のうち、中絶に反対している人はトランプさんに入れています。バイデンさんに投票するカトリックは、白人もいないわけではありませんが、多くはヒスパニック系です。
ヒスパニック系はほとんどがカトリックです。ヒスパニックにはプロテスタントの人ももちろんいますが、カトリックのヒスパニックの人たちは、ほとんどが民主党支持です。

編集部　中絶について、ヒスパニックの人たちが信じているカトリックと、白人が信じているカトリックとは違いがあるのですか？

松本氏　中絶に関しては、宗教的理由よりも経済的理由が大きいです。最近はヒスパニックで成功して裕福になられている方もいるので、一概にはいえませんが、数的に考えると貧しい方が多いのです。
本当は、中絶は嫌だし、したくはありません。そもそも本来、福音派でもカトリックでも避妊自体も歓迎しません。しかし、それを忠実に守ったら、子どもがたくさんできてしまいます。それが裕福であればいいですが、お金に余裕がない人にとって、生活が苦しくなってしまいます。そのような理由で、ヒスパニックのあまり裕福でないカトリックの人たちは、どちらかといえば民主党を支持し、女性の中絶権を認めることになります。

福音派の礼拝は音楽ガンガンのエンターテイメント

編集部　カトリックでも福音派はいるのでしょうか？

松本氏　最近の現象をお話しします。

アメリカのヒスパニックだけでなく、ラテンアメリカのアルゼンチンやブラジルなどでもカトリックの信者は多くいます。これらの国は、カトリックの国であったスペインやポルトガルによって植民地化されたために、国民の99パーセントがカトリック信者でした。例えばブラジルでは、一国で1億人以上のカトリック信者がいるといわれています。

それが、ここ10年、15年くらいで、変化が起きています。

私は、アメリカのカトリックと福音派の両方の礼拝に参加したことがありますが、全然やり方がちがうのです。私は中学、高校、大学とカトリックの学校に通っていて、それほど熱心ではありませんがカトリックの信者で、ミサのやり方も知っています。

カトリックの場合は型が決まっています。バチカンが決めた通りにやらないといけません。その決め事から、多少バラエティーがあっても、そんなに大きく逸脱することはありません。

このことは、よくいえば厳粛ですが、はっきりいえば退屈です。子どもだと、長い時間じっと座ってお祈りをするのは、つらいことなのです。

一方、福音派の礼拝は、ほぼエンターテイメントです。ロックバンドがでてきて音楽をガンガンならし、ノリノリで歌います。

カトリックだと静粛なオルガンの音楽で聖歌を歌いますが、まったく違います。うたっている歌詞は同じですが、音楽のノリが全然違うのです。

さらに、牧師さんの話も滅茶苦茶面白いのです。人を楽しませます。教会で、宗教心を育てるのは大切ですが、それが福音派は厳粛な賛美歌ではなくて、エンターテイメント性で人々を惹きつけます。

特に、アメリカという国は、エンターテイメントな国なので、宗教もエンターテイメントになっています。さらに、福音派には、そういう要素が強いのです。

福音派へ改宗するカトリック信者

松本氏　だから、ヒスパニックの人たちに起こっているのが改宗です。

カトリックのヒスパニックの人たちが、福音派の噂を聞いて、試しに福音派の教会へ行ってみます。そうすると、そちらの方が面白い。エンターテイメントがいろいろあって楽しいのです。

特別、インタビューしようと福音派の教会に行ったわけではないのですが、メガチャーチ（巨大な教会）で、明らかに外見からヒスパニックの人だとわかるファミリーが、売店で並んでいました。そこで彼らに話を聞いたのです。

そうしたら、そのファミリーはもともとカトリックで、カトリックの教会に行っていたのですが、小学校の低学年の子どもが、退屈してしまって、嫌だと言い出した。そこで、福音派の教会に来たら、子どもは楽しいとなって、最近はこっちばかりに来ている、というのです。

現在、カトリックから福音派に改宗するヒスパニックの人たちがすごく増えています。

それが、アメリカだけでなくブラジルとか、ラテンアメリカでも同じように増えています。ブラジルにはサンバのカーニバルがあります。ノリノリの福音派に改宗してもおかしくありません。

これにはカトリック側も危機感を持っています。ワシントンにあるジョージタウン大学、イエズス会の名門大学ですが、神父様に知り合いがいます。ときどきお話をお伺いするのですが、先日、「信者がとられている」と嘆いていました。

改宗とインターフェイス・マリッジが増えているアメリカ

編集部 カトリックの福音派というよりは、福音派へ改宗してしまうのですね。

松本氏 そうです。アメリカは改宗の人がすごく多いのです。例えば、トランプさんの副大統領候補のヴァンスさんですが、彼も改宗しています。ただし、彼の場合は逆のパターンです。

ヴァンスさんはもともとプロテスタントの家庭に育ちました。しかし、いまはカトリックに改宗しています。奥さんはヒンズー教徒です。ヨーロッパでは、宗教が違う同士が結婚する場合はどちらかが改宗しなければいけないというのがあり、今でも根強く残っています。しかし、現在のアメリカでは違う宗教、宗派であっても結婚しています。

奥さんはヒンズー教徒ですが、ヴァンスさんがプロテスタントからカトリックに改宗するかどうか悩んでいたときに、奥さんと知り合いました。その奥さんから「自分の心に一番忠実な宗教にしなさい」とアドバイスされ、カトリックに改宗したそうです。

ヒンズー教徒の奥さんとヴァンスさんは結婚しました。宗教の違う者同士が結婚することをインターフェイス・マリッジ（interfaith marriage）といいますが、その方法が、現在アメリカでは確立しています。

アメリカはヨーロッパに比べても、伝統的ではない宗教、いろいろな宗教がありますので、改宗も多くありますし、宗教が違う者同士が結婚することも珍しくはありません。

中絶やLGBTQをめぐって起こる裁判闘争

編集部　さまざまな宗教やさまざまな考え方の人々がいるアメリカですが、リベラルと保守的な宗教の人たちと暴力的な対立まで発展することはあるのでしょうか？

松本氏　暴力まで発展することは稀ですが、中絶やＬＧＢＴＱの問題だと裁判がよく起こります。中絶関連の裁判は頻繁に起こっていますし、ＬＧＢＴＱも最近、有名な裁判が起こっています。

トランプ政権時代に起きた裁判ですが、パティシエ裁判というものがあります。被告は福音派のケーキ職人のパティシエです。彼の知人にＬＧＢＴＱの男性カップルがいて、バースデーケーキをこのパティシエに注文していました。

パティシエは、この注文を快く受けていました。彼は、特にＬＧＢＴＱに対して差別意識も偏見もありませんでした。

しかし、あるときその男性カップルが結婚することになって、ウェディングケーキをそのパティシエに注文したのです。現在、アメリカは同性婚を認めています。

この注文に対して、パティシエは悩みました。悩んだ理由は、結婚は神聖なもので、同性同士が結婚することは許されない、その許されない結婚のためのケーキは作れないということでした。一方、パティシエにとって男性カップルは、良い知人でした。彼らの気持ちも酌んであげたいと思いましたが、信仰は曲げられません。無理して作っても心のこもったケーキはできません。

男性カップルは何とか作ってほしいとお願いしましたが、結局、宗教的理由からパティシエは注文を断りました。

これに対して、怒ってしまった男性カップルはパティシエを同性愛者に対する差別だとして訴えたのです。パティシエは地方裁判所では負けますが、最高裁に上告します。

宗教の自由で勝利したパティシエ

松本氏　このときの最高裁はトランプさんが任命した保守系の判事が増えていて、同性婚や中絶に対して否定的でしたが、それだけではなくて、「宗教の自由」「信仰の自由」という考え方を強く意識していました。

この自由は、アメリカという国ができた時に形作られたものです。王様がトップのイギリス国教会というプロテスタントがイギリスにありました。それに対して、より純粋なプロテスタントを求めたピューリタンの人たちが迫害されます。彼らはイギリスから逃れてアメリカに渡り国を造ったのです。

そういう歴史的なバックグラウンドがある「宗教の自由」「信仰の自由」なのです。ただし、もともとはいかなる宗教も差別されないというよりは、キリスト教のなかでどの宗派も差別されないというものでした。しかし、イスラム教などが入ってきていますから、その範囲は広がりました。

最高裁の判決は、アメリカ憲法に書かれた「宗教、信仰の自由」を根拠にパティシエが勝利しました。彼は自分の宗教を守るために、ケーキの注文を断ったのであって、差別をしたわけではないと判決を2018年に下したのです。

差別していない根拠は、もし、差別していたら、バースデーケーキも作ってないだろうということです。しかし、ウェディングケーキは、結婚という神の前で誓うために使われるから、それを作らないのは彼の信仰心の発露だということです。信仰心ゆえにウェディングケーキの注文を断ったのであって、信仰の自由は保障されているアメリカでは、彼のやったことは違憲でもないし、犯罪行為でもないし、差別でもないということです。

「信仰の自由」はトランプ側が強く言っています。私はワシントンにあるトランプさんを支持しているキリスト教保守のシンクタンクに、何度もインタビューしています。彼らのグループは中絶反対だけではなく、常に宗教・信仰の自由を訴えます。また、同性婚もパートナーシップまではいいけれど、結婚となるとそれは認めないと強く主張しています。

イスラム教徒に根強い差別があるアメリカ

編集部　「宗教の自由」ですが、松本先生もおっしゃいましたが、イスラム教も宗教です。そのイスラム教に対してトランプ政権は、一時入国禁止の措置をとりました。矛盾しているのではないでしょうか？

松本氏　トランプさんは大統領令でイスラム教徒が入国できないという法律を作りました。大統領令は時限立法ですから数カ月の措置で期間限定です。だから、今はその法律はありません。

この大統領令も裁判になりました。そのとき、トランプ政権は、イスラム教徒全員が入国制限をされているわけではなく、国によって入国できる国とできない国がある。イラクやイランなど、アメリカを敵国としているイスラム教徒はアメリカに入ることができないが、そうではない国、例えばインドネシアなどのイスラム教徒は入ることができる。だから、宗教によって差別しているわけではないと主張しました。結果は、保守派の判事が多くなった最高裁でトランプ政権は勝利しました。

しかし、イスラム教徒への差別感はアメリカにはあります。特に2001年の9・11以降、イスラム教徒はテロを起こすというトラウマがあります。そういうニュアンスで、イスラム教徒に対して表向きには宗教の自由と言いながら差別はあります。

進化論を認めない福音派

編集部 中絶やLGBTQ以外で、宗教保守とリベラルの間で対立する要因はあるのでしょうか？

松本氏 進化論があります。この進化論を学校で教える、教えない、という対立があります。福音派以外の人は進化論を学校で勉強してしかるべきですが、福音派の人たちは、「人間がサルから進化したなんてありえない。人間は神が作ったのだ」と主張します。いわゆるCreationism（クリエイショニズム）ですが、神が天地創造し、この世を造ったと深く信じています。

これも争点になっていて、公立学校で進化論を教えないようにロビー活動をしています。しかし、学校側も突然、進化論を教えないというのは無理だとなっているため、福音派の親御さんは、子どもを公立の学校に行かせないようになっています。

そして、私立のキリスト教の学校に行かせるか、近くにそのような私立の学校がないと、Homeschooling（ホーム・スクーリング）、自宅で教育するという選択をします。

家庭教師を雇ったり、親御さんが教育します。アメリカでホーム・スクーリングは多いのです。日本ではホーム・スクーリングはほとんどありませんから、「えっ」という感じですが、アメリカでは一般的で、特にバイブルベルトの州では普通です。「私、ホーム・スクーリングで育ちました」という人はよくいます。

再生医療もワクチンも拒否する福音派

編集部　福音派の人たちは進化論を学ばないということですが、ゲノムの研究は無視するのでしょうか？

松本氏 彼らは医療についても疑いの目を持っています。コロナ禍でも、ワクチン接種を拒否する人たちもいました。再生医療も拒否します。アメリカの再生医療はクローン人間を作れるレベルまで発達しています。

再生医療で作られた臓器の移植で命を救うことができます。しかし、福音派の人たちは、それを拒否します。人間が臓器を作ることは神を冒瀆することだからです。

バイデンさんの長男は亡くなりましたが、かなり優秀な人物でした。ボー・バイデンといいますが、彼は脳腫瘍で亡くなったのです。しかし、そのとき、がんの再生医療は、まだまだ不十分でした。現在であれば、その最先端医療で、彼は助かる可能性もありました。

キリスト教福音派のブッシュ政権は、再生医療を認めてなかったのです。

２０１１年にオバマ大統領はブッシュ時代の法律を変えて、再生医療を認めました。しかし、ボー・バイデンの脳腫瘍は２０１３年に発覚。まだ治療方法が確立せず、間に合いませんでした。

優秀な長男を亡くしたバイデンは非常に悔しかったのです。助かったかはわかりませんが、最善を尽くすことができずに息子を死なせてしまった。バイデンは最初の妻を交通事故で亡くしています。最愛の人をまたしても亡くしてしまったのです。

だからでしょう、民主党は最先端の再生医療を積極的に進めています。

しかし、福音派は拒否します。がんになってもそれは神が決めたことだから、死ぬなら死ぬと、それは受け入れるべきであるとします。再生医療は神の意志に反することで、そんなことをすべきではないという考えです。

ここにも民主党と共和党福音派には大きな溝があります。

これに対して、バチカンはどうでしょうか。いまの教皇は2013年に就任しましたがアルゼンチン人で、ブエノスアイレス大学で化学を学んでいます。そのあと神学に移って司祭になりました。そのため、理系科学に対して理解があり、医療についてもギリギリまで認めます。

キリスト教では人間の命が大切なのだから、命を生かすために医療を使うのであれば、神の意志に反するということはなく、再生医療を使うのはいいのではないかという立場で、条件付きで認めました。

カトリックは認めましたが、福音派は認めません。認めるのはカトリックであり、プロテスタントとは違うという考えです。ここにも大きな溝ができています。

そして、溝はワクチン接種でも起きました。先ほど福音派はワクチンを拒否していると話しましたが、ローマ教皇は誰よりも早く自らワクチンを打ちました。そしてＹｏｕＴｕｂｅに出演し、「私はワクチンを打ちました。皆さんもワクチンを打ちましょう」と多くの人々にワクチン接種を訴えました。

福音派はそれに対しても、ワクチンは神の教えに反する。ワクチンには毒が入っていて打つと死ぬと主張し、陰謀論が巻き起こりました。トランプさんの支持層にワクチン懐疑派であり陰謀論者が一定数いる状況は、宗教も関係していると思います。

同性婚は自然に反する

編集部　同性婚に関しては、先ほどパティシエ裁判のところで福音派は否定しているということでしたが、その根拠はどこにあるのでしょうか？

松本氏　福音派の人たちは、先ほども少し触れましたが、パートナーシップについては、どうぞご自由にというスタンスです。しかし、同性婚については、パティシエ裁判にもありましたが、結婚は神聖なものであるから絶対に認められないとなります。

しかし、いまの時代、体外受精で、同性婚でも子供をつくることはできます。アメリカでは、代理出産が合法です。

これに対して福音派は神の教えに反することと否定します。日本でも代理出産は倫理的に受け入れられていないですから、人工的に子どもをつくるというのは、自然ではありません。

福音派の人たちは、自然な方法で子どもをつくるということが神の教えであるとし、男性と女性の結びつきで子どもが誕生するから、男性と男性、女性と女性の同性婚を否定するのです。それでは自然に子どもは生まれません。

キリスト教やユダヤ教、イスラム教もそうですが、新しい命の誕生というのは非常に重要です。子どもをつくるということは神聖な事なのです。だから、より同性婚に対しては否定的になります。

民主党を支持する環境派のキリスト教グループ

編集部　共和党支持の福音派に対して、民主党を支持する人の中にもキリスト教徒はいると思いますが、どのような人たちなのでしょうか？

松本氏　先ほど話しましたが、黒人バプティスト教会の人々は民主党支持です。キング牧師の伝統があります。それから、メガチャーチの人たちの中にも数は少ないですが、民主党支持者はいます。

さきほど少し触れたメガチャーチですが、２０００人以上も収容できるところで、エンターテインメントな礼拝をする教会です。教会というよりスタジアムといってもいいほどです。そのようなメガチャーチがアメリカにはたくさんあります。

そのなかでも10パーセント以内ですが、民主党支持の宗教団体があると聞いています。彼らはどういうグループかというと、人種差別に反対し、環境問題を取り上げます。

環境問題を扱うグループは、キリスト教会の中で増えています。カトリックのローマ教皇も環境問題を強く推している人ですが、プロテスタントの中でも増えています。

人間の欲望のままに環境を破壊していったら、地球はダメになる、実際、カリフォルニアでは頻繁に山火事が起きていますし、世界中で水害をはじめ異常気象が続いています。

このままいったら地球は破壊されてしまう、せっかく神が造った美しい地球だから、これを守らなければならないということで、気候変動の科学者と手を組む宗教者グループがでてきました。

本来、キリスト教グループは、環境問題について言及しないのが伝統でした。環境運動をしていたキリスト教徒は歴史的にはいますが、本来、エコロジストというのは、宗教はいらないという人たちがほとんどだったのです。

日本でも同じだと思います。しかし、最近、環境問題に言及する宗教グループが増えていて、彼らが民主党を支持する人たちです。

医療的な中絶は認める民主党支持のキリスト教徒

編集部　そこで疑問なのですが、そのようなキリスト教徒は、民主党が進める中絶や同性婚に対して、抵抗感はないのでしょうか？

松本氏　彼らはＬＧＢＴＱの結婚についても認めています。ただし、いくつか条件は付けていると思います。じゃあ、子どもをどうするかといえば、養子縁組を助けています。キリスト教会は、歴史的に孤児院を作ってきましたから、かけ離れた行為ではありません。ＬＧＢＴＱの同性婚の人たちに養子縁組して、子どもの成長を助けています。これは、きわめてキリスト教的行為なので矛盾しません。

問題は中絶だと思います。中絶は基本的にキリスト教の教えに反するということになってしまうのです。それについては、女性の人権とか女性の体や健康を守るというところで、折り合いをつけているのだと思います。

中絶は、なんでもＯＫではなくて、条件を付けているはずです。

福音派は極端で、現在、医療が発達して、まだ生まれていなけれど障害をもっている子どもはわかります。その子どもに対しても中絶は絶対いけないと主張します。福音派の人たちは、たとえ死産でも生まなければいけないといいます。

そういうことに対して、それは女性の人権に反するであろうと、民主党を支持するキリスト教徒は考えていると思います。
女性の体や健康を害してまで生まなければならないというのは、女性の人権を侵害する行為だということです。だから、中絶はなんでもかんでもOKということはないと思います。医療的な理由の中絶は認めるということです。

福音派にあるキリスト教シオニズム

編集部 話は変わりますが、ユダヤ教徒もアメリカの中では数は少ないですが、存在感はあると思います。ユダヤ教徒と福音派の関係はどのようなものなのでしょうか?

松本氏 アメリカの福音派はキリスト教シオニズムという、日本では聞いたこともないような考え方が非常に強くあります。先ほど、プロテスタントの福音派は新約聖書が中心と話しましたが、ここでは旧約聖書がでてきます。
ユダヤ教徒は教典として旧約聖書を使っていますが、政治的には、ユダヤ教徒とキリスト教徒は一体であるという考え方を、福音派はとります。そのため、福音派は、イスラエル国家を全面的に支援するという考え方が強いです。だから、シオニズムになります。

シオニズムは国家のないユダヤ人が自らの故郷であるイスラエルの地に自らの国を造ろうという考え方でした。しかし、国を造るのはいいとしても、ガザでの紛争のように周辺国や地域と激しく対立すると、アメリカも持て余し気味になります。

特に民主党側の人は「ネタニヤフいい加減にしろ」となりますが、共和党を支持している福音派の人たちは逆です。福音派は、ユダヤ人国家であるイスラエルが攻撃を受けたのだから、正当防衛であると、全面的にイスラエルを応援します。

このイスラエルを応援する意識には、反イスラムの考え方もあります。中東の世界はイスラム教徒が多数派なので、そのイスラム教徒と戦っているユダヤ教徒は、福音派の人にとって勇敢な戦士なのです。

さらに、キリスト教には千年王国論という終末論があります。ヨハネの黙示録にある最後の審判のときにハルマゲドンの戦いが起きて、イエスが聖地エルサレムの地に降臨し、そこで神に仕えるものをイエスは救い、彼らを天国に連れて行くという教えです。

だから、エルサレムがイスラム教徒に占領されてしまうと、最後の審判のときにイエスが降臨する場所がなくなってしまい、キリスト教徒は天国に行けなくなってしまいます。

だから、イスラエルの国には、エルサレムを絶対に死守してほしいと福音派の人々は考えています。

エルサレムはユダヤ教、キリスト教、イスラム教の3つの聖地です。福音派は上記の考えのもと、イスラム教徒を排除し、ユダヤ教徒とキリスト教徒でエルサレムを占有したいのです。そして、そのために、最前線で戦ってくれているのがイスラエルのユダヤ人たちなのです。

福音派の人たちには、この終末論の考えが強くあって、それがキリスト教シオニズムになっています。牧師の中でも、この終末論を強く訴えるものがいますが、この考えはイスラム教徒を排斥するヘイトにつながっていきます。危険な考え方です。

移民でアメリカのキリスト教西洋文化が危機に陥る？

編集部　いままで宗教的対立と分断についてお伺いしてきましたが、今後もこれは広がっていくのでしょうか？

松本氏　現在、多くの分野で宗教保守とリベラルが対立しています。いままでお話しした通り、アメリカの場合、妊娠中絶や医療、結婚まで、人間の基本的な日常生活に宗教がかかわっているので、悪い方にも、良い方にも影響があります。

基本的な日常生活にかかわっているので、考えの違いを変えるということは、双方とも非常に難しくなっています。

リベラルの方も問題があります。まず、移民問題です。これは宗教と関係ないようですが、そうではありません。

カマラ・ハリスさんが副大統領のときに移民はコントロールされていませんでした。移民を受け入れる立場から、キリスト教的に無理やり解釈すると、ローマ教皇も言っていることですが、移民は困っていて国を出てくるのだから、助けなくてはいけないということがあります。

しかし、難民の方はそうだと思いますが、それは少数で、ほとんどはお金目的で来る人だと思います。このような人をなし崩し的に大量に受け入れていたら国は混乱してしまいます。

すでにアメリカでは白人が少数派になりつつありますが、それでも、まだ、キリスト教が主要な宗教です。しかし、イスラム教徒が増えてきたら、アメリカのキリスト教の西洋文化はどうなってしまうのか、危惧されます。

現在、フランスはイスラム教徒の移民がすごく増えていて、このままいったら、キリスト教徒とイスラム教徒の人口が逆転するといわれています。イスラム教徒の方が、子どもの数が多いので、そうなる可能性は高いのです。そうなるとフランスのキリスト教文明はどうなるのでしょうか。すでに問題が噴出しています。

このようなときに民主党のリベラルは、差別がいけないと、言い過ぎています。もちろん人種差別はいけないし、LGBTQも認めるべきだと思います。

しかし言い過ぎは危険です。人種差別や宗教差別、ジェンダー差別を言い過ぎると、トランプさんのような人物が登場するのです。

なぜ、トランプさんが2016年に出てきて、人気が出たのか？

キリスト教徒だけでなく多くのグループがトランプさんを支持した最大の理由は、民主党政権のときにポリコレが進み過ぎてしまったからです。

アメリカではクリスマスのときに、「メリークリスマス」と言ってはいけないのです。知っていましたか？

クリスマスツリーも否定した急進派が生んだトランプ

編集部　えっ！　そうなんですか。知りませんでした。普通に言っているものと思っていました。

松本氏　「ハッピーホリデー」と言わなければならないのです。民主党のリベラルが、そういうことを言いだしました。

クリスマスはキリストの誕生を祝福する日です。私たちが誰かに「メリークリスマス」と言ったら、もし、その人がイスラム教徒だったら、気分を害するでしょう。だから、「メリークリスマス」はやめて、「ハッピーホリデー」と言おうとなったのです。

現在、中東の国でも「メリークリスマス」と言います。仏教や神道が浸透している日本の国でも普通に「メリークリスマス」と言います。

さらに、民主党のリベラルは、クリスマスツリーをショッピングモールに飾るのも禁止だと言い出しました。家で飾るのはいいのですが、パブリックな場所で飾るのはＮＧということです。

それは、クリスマスツリーがキリスト教のお祝いのシンボルだからです。しかし、クリスマスツリーは、キリスト教といえばキリスト教ですが、始まりは中世のゲルマン民族による自然崇拝です。異教の文化とキリスト教がくっついてできたのが、クリスマスツリーです。

もみの木は冬でも枯れなくて生命力を保っているので、冬の生命力が落ちた時にもみの木から生命力をもらいましょうという呪術的な自然崇拝がクリスマスツリーです。決して純粋にキリスト教ではありません。

日本でもクリスマスツリーを普通に飾っていますが、民主党のリベラルは、クリスマスツリーはキリスト教のシンボルだから、これを見たイスラム教徒や仏教徒は気分を害するかもしれない、だから撤去となりました。

これには、多くのアメリカ人も首をひねりました。

そのときにトランプさんが出てきたのです。そして、「みなさん、アメリカという国はキリスト教の国ですよね。それなのにメリークリスマスも言えず、クリスマスツリーも飾れない、そんな国になってほしくないですよね」と言ったのです。

これが、彼が台頭してきた最初のセリフです。そしてトランプは人気を獲得していきました。これは、民主党のポリコレの行き過ぎの結果なのです。これをやったのは、民主党のリベラルです。こちらにも問題は、私はあると思います。

一方、共和党の保守派は、中絶は殺人だとか、死産でも産みなさいとか、言っています。こうなると、保守とリベラルが和解するというのは非常に困難です。

ハリスは政治的には穏健でいて、マイノリティの要素を持つ

松本氏　だから、もう少し中道に寄っている民主党の支持者と共和党の支持者が和解を進めていかなくてはならないと思います。

その意味では、カマラ・ハリスさんは民主党でもノンポリと噂されているほどの穏健派らしいので、期待はできると思います。バイデン路線を踏襲して穏健派ならば、まだ、そこまで分断は進まないでしょう。

そして共和党の中でもカマラ・ハリスさんを支持する人たちがいますので、共和党の穏健派とも連携が進む可能性もあります。

カマラ・ハリスさんが大統領選で勝つかどうかわかりませんが、いまのカマラさんの路線であれば、民主党はそこまで極端なポリコレにならなくて済むと思います。

ハリスさんについては、優秀ではないとか、運がよかったとか、パワハラ体質であるとか、いろいろ言われています。しかし、彼女のいいところは政治的には穏健ですが、女性であり、人種的にはマイノリティであることです。民主党のリベラルの人たちも、「彼女はマイノリティの出身だからＯＫ」みたいな感じになりました。

一方、トランプさんだと、彼の支持基盤であるキリスト教福音派は極端な保守なので、民主党の穏健派と和解するというのは困難です。いまより分断がひどくなっていく可能性が高いと思います。

いまは民主党の方が分断は収まっていて、連帯がとれています。共和党がどうなっていくかが一番の問題です。

共和党が勝った場合は、共和党の中の分断も、アメリカ全体の分断も、より大きくなると思います。その時どうなるのかは、非常に危惧されます。

また、外交の問題もあります。トランプさんは、イスラエルを支持し、ウクライナのお金を止めるといっていますので、それによる世界への影響も心配です。

松本佐保（まつもと　さほ）

１９６５年神戸市生まれ。日本大学国際関係学部教授。１９８８年聖心女子大学卒業、１９９０年慶應義塾大学大学院修士課程修了。１９９７年英国ウォーリック大学博士課程修了。Ｐｈ．Ｄ．取得。専攻は国際政治学。特に国際政治と宗教の関係を研究。主な著書に『アメリカを動かす宗教ナショナリズム』（ちくま新書）、『バチカンと国際政治―宗教と国際機構の交錯』（千倉書房）、『熱狂する「神の国」アメリカ―大統領とキリスト教』（文春新書）などがある。

Column

「分断」を知るキーワード3

ポリコレ

ポリコレはポリティカルコレクトネス（political correctness＝政治的な正しさ）の略で、特定の人物に不快感や不利益を与えないようにする言動を指す。わかりやすくいえば、女性や特定の宗教、人種マイノリティ（アメリカにおける黒人やヒスパニックなど）などに対する差別や偏見を助長するような表現は使わず、中立的な表現を使うように主張することだ。

これは、性別、宗教、人種だけでなく、国籍や年齢、体形、障がいなどにも使われる。ただし、この言葉は「ＰＣ（ピー・シー）」と略語にされたりして、批判的な文脈でつかわれることが多い。

ポリコレのはじまりは、１９１７年のロシア革命後、各国の共産党が平等を訴えるために主張したことだと言われる。アメリカの共産党もそのひとつであった。

このポリコレが本格的に使われるようになったのは、1960年後半から80年代にかけて公民権運動やフェミニズムの運動が活発化したころで、この当時から活動家たちの間では、自らの言動に対して自嘲気味に使う言葉であった。

多くの変更がなされた差別的な言葉

ただし、ポリティカルコレクトネス自体は否定されるものではない。差別や偏見は、どんな場合でも助長していいものではなく、減らしていくべきものだからだ。それによって、マイノリティの権利も確固たるものになるし、多様性を維持していくことができる。

実際、日本でも「看護婦」という言葉は使われなくなった。「看護師」と使う。これは女性への職業差別をなくすための一例であるし、看護に従事する男性も増えてきた。

他にも「保母さん」と呼んでいたのが、「保育士さん」と呼ぶようになった。これも1999年の「男女共同参画社会基本法」で男女の格差が見直され、児童福祉施設で男性職員が増えたことが大きな要因でもあった。

現在、職業では「カメラマン」を「フォトグラファー」と呼び、「ビジネスマン」を「ビジネスパーソン」という、女性も男性も「氏」とつけるし、「ちゃん」「くん」も「さん」と呼ぶようになった。

ちなみに、性的少数者であるレズビアン（Lesbian）、ゲイ（Gay）、バイセクシャル（Bisexual）、トランスジェンダー（Transgender）、クエスチョニング（Questioning=自分の性的指向がまだ分からない状態の人）もしくはクィア（Queer=性的指向が既存の概念に当てはまらない人）を称して、LGBTQ（LGBTQ+とも）というが、彼らに配慮して、「Ladies and Gentlemen」という言葉は、飛行機内やショーなどのアナウンスの前振りで使われなくなった。使う言葉は「Hello Everyone」である。

また、性的少数者に配慮して、アンケートや履歴書などの性別記入欄では「男性」「女性」だけでなく「その他」や「無回答」の項目も作られるようになっている。

人種については、最近のアメリカでは「インディアン」と呼ぶのは、蔑称であるとして「ネイティブ・アメリカン」という言葉を使うようになっている。「エスキモー」も「生肉を食べる輩」という意味があるとされ、差別的であるとし、いまでは「イヌイット」というようになっている。

また、日本でも、あまり気がつかないが「肌色」という言葉が使われていない。これも人種を、まさしく肌の色で差別するとして、「うすだいだい」の言葉を使う。文具業界ではすでに変更されているので、クレヨンや色鉛筆を見てもらえれば気がつくだろう。

病気や障がいに関しても表現は変わっている。これはご存じの方は多いと思う。いままで「痴呆症」といっていたのを「認知症」というし、「精神分裂症」を「統合失調症」と呼ぶようになった。これは痴呆や精神分裂という言葉に差別的な印象を受けるために変更になった。

同じく「障がい」も「障害」や「障碍」などのいままでの「がい」に使っていた漢字を止めた。それは、悪い影響を及ぼす意味の「害」や、邪魔するという意味のある「碍」が差別的であるということだ。

ポリコレの行き過ぎに反発

ただし、ポリコレの行き過ぎに対しては批判がある。

松本佐保氏のインタビューでも語られているが、アメリカでは公共の場における「メリー・クリスマス」やクリスマスツリーが批判され、保守派の反発を招いた。日本でも言葉狩りなどが起きている。

すべての言葉は、いままでの人々の営みの中で生まれてきたものだ。伝統行事もそうである。その中には悪しきものもあるに違いにない。しかし、悪しき言葉や伝統行事であっても生まれてきた背景があるはずだ。その点をしっかり踏まえて、一部の先進的な人だけではなく保守派も含めて多くの人々で時間をかけて論議し、批判すべきものは批判し、残すべきは残していくべきだろう。

安易にすべてを否定してはいけないと思う。急激な変化についていけない人も多いし、わけのわからない変更は反発を招くだけだ。

逆にその人たちの表現の自由を奪い、それによって伝統文化の多様性も押し潰してしまう。それこそが分断を生む要因にもなる。

（編集部）

第三章　人種差別とアメリカの分断

藤永康政氏
（日本女子大学文学部教授）

人種差別の分断というより
政党の分極化がいまの分断です

藤永康政氏（日本女子大学文学部教授）インタビュー

「白人の方が差別されている」と主張するトランプ支持の人たち。そして黒人やヒスパニック（ラティーノ）への優遇的な法律をどんどん撤廃させていく連邦最高裁。はたして、アメリカの人種マイノリティに対する差別はなくなったのか？　さらに黒人とラティーノ間にある差別への認識は違うのか？　アメリカの人種マイノリティの問題の詳しい、アメリカ黒人の歴史を専門とする藤永康政氏に聞いた。

（2024年9月10日取材）

一概にくくれないラティーノの政治的指向性

編集部　カマラ・ハリスの登場は、黒人やラティーノにとって、希望の星なのでしょうか？

藤永康政氏（以下、藤永氏）　まず、ラティーノから話します。ラティーノを一つの政治的指向性を持っている集団として捉えるのは、黒人よりは難しいと思います。

トランプがでてくる前の大統領の有力候補と目されていたのは共和党最右派のテッド・クルーズですが、彼はラティーノです。同じく右派のマルコ・ルビオ、この人物もラティーノです。

クルーズとルビオ、両者ともキューバ系アメリカ人です。キューバ出身なのでラティーノに入りますが、キューバ系の多くはカストロ政権を逃れる形でアメリカにやってきた富裕層が多いのです。

もとは反カストロのキューバ系で反共思想が強く、対ソ強硬派が多かった共和党の岩盤支持層です。フロリダやテキサスでは、そのような政治的立場の人たちがいます。

他方、南西部に住んでいる統計上はラティーノと呼ばれる人たちには、アメリカ・メキシコ戦争のとき（１８４６～１８４８年）に併合されてアメリカ人になった人たちがいます。

この人たちのなかには単純に自らをアメリカ人と考える人もいます。家族を大事にするという保守派のメッセージを素直に受け取る人もいるでしょう。

さらにいえば、一般的にラティーノの多くは民主党支持層なのですが、トランプ的なものにひかれやすい点もあります。特に移民政策に対してですが、トランプの反移民に賛同してしまう心理があるのです。それについては、疑問に思うでしょうが、それほど難しいことではありません。

この点を日常的なところから説明します。１９９０年代、日本経済が絶好調だったとき、私はアメリカ中西部のシカゴに留学していました。このときに一番嫌だったのが、英語のできない日本人観光客を見ることでした。彼らと同じにみられるのが嫌だったのです。

英語もできないのに、ブランドショップが並ぶ目抜き通りで、高額なバッグや時計を買いあさっている日本人を見るのが嫌で、嫌で仕方なかったのです。彼らは動き方からして日本人的です。会釈して歩いたりだとか、大きな声で日本語を話しかけられたりとかされたときに、すぐに抱いた感情は嫌悪感でした。

長く日本に住まわれている中国人たちも、中国人観光客に対しては同じような感情を持つひとがいると聞きます。これを少し難しい言葉で整理すると、定住者（セトラー）、もしくはセトラーになろうとしている者とニューカマーの対立ということになります。

感情が与えられるものだとすると、それが心に現れるのを防ぐことはできません。レジで支払いに言葉ができなくて困っている人がいたら、助けてあげればいいのでしょうけど、その気にもなれないときがある。大切なのは、このような気持ちを自省し、それが醜いものであると自覚することです。すると、人は醜悪さを隠すと思います。この隠すという行為がある意味で社会の礼節を保っているのです。しかし、トランプが大統領選挙に勝利した2016年前後から、このような感情は表に出して良いものとなり、さらにはそれが組織化されて大きな声で言われるようになってきた。ラティーノのなかでも「反移民の感情」が煽られている。ここが問題です。

不法移民と同じに思われたくない、もともといたラティーノ

藤永氏　そのような政治的な動向から、「不法移民」と喧伝されている人たちと、同じように見られたくないという気持ちが強くなれば、ラティーノであっても移民規制を強く主張する人たちが現れることになります。

つまり、ラティーノの政治的指向性は、アメリカに住んでいる年数、どこから来たのか、たとえば中米かメキシコかプエルトルコか、それともキューバか、ドミニカ共和国か、さらには社会階層、教育水準、教育歴といったものを複合的に見なければなりません。

イスパニアにルーツを持つスペイン語話者ということのみを共通としている集団なので、そのなかはきわめて多様であると考えた方がいいと思います。

確かに、ラティーノは労働者大衆が多いです。そのため、福祉政策に関して大きな政府の方針をとっている民主党を支持するという傾向はあると思います。しかし、ラティーノという集団を、一枚岩に見ることはできません。

例えばドミニカ共和国になると、肌の色は黒人が多いのです。そうなると、その人のア

イディンティティを黒人としてみるのか、ラティーノとしてみるのか、それは、かなり人によって違います。

いまのことを踏まえてうえで、カマラ・ハリスに対してラティーノの支持はどうかですが、かなり把握はしづらいです。

しかし、民主党の支持層のラティーノにとって、ハリスの登場によって、高齢であったバイデンへの不安感は払しょくされたと思います。それがある意味、活力になっていると思います。

続いて黒人に関してですが、日本で誤解されていますが、黒人の投票率は必ずしも高くありません。歴史的には白人と比べると低いのです。

公民権運動、その他のイメージで、政治的意識は高いだろうと思われていますが、魅力的な候補がいない選挙では、黒人は投票に行かないという選択をする確率がとても高いのです。

アメリカの選挙は火曜日です。休日ではありません。民主党の大統領候補がバイデンだったら、かなりの黒人が投票に行かずに仕事に行くと思います。その点、カマラ・ハリスが候補になったので、投票に行こうと思う黒人は多くなったと思います。

9月11日付のワシントンポストに載った世論調査では、カマラ・ハリスが候補になることによって、投票に行こうと思うZ世代の黒人が32パーセントから47パーセントに上昇しています。

魅力的な黒人政治家が政治行動に駆り立てる、そのような動きになっていると思います。

2020年の大統領選挙で、ジョージア州の結果が大きな話題となりました。その前々年に行われたジョージア州の知事選で、ミニ・トランプといわれたいまの知事、ブライアン・ケンプと大接戦を演じ、負けた民主党候補で黒人女性のステイシー・エイブラムスに脚光が当たりました。

彼女はハリスと似通った経歴を持ち、一流大を出て、まずは法曹界で活躍していました。その彼女が知事選で負けた時から、次は大統領選の裏で活動するということを狙って大胆な票の掘り起こしをしたのです。その黒人を中心とする政治活動がひとつの要因となって、バイデンがトランプに勝利しました。ジョージア州は激戦州ですから、その州の行方が大統領選を左右したのです。

このときの彼女の大きな功績は、黒人に、投票に行かせたということでした。その意味では、カマラ・ハリスが出てきて黒人の投票行動を促せるようになったことは大きいと思います。

「初の女性大統領」を強調したヒラリーの失敗に学ぶハリス

編集部　女性にとってもカマラ・ハリスが出てきたことは大きいのでしょうか？

藤永氏　大きいと思いますが、これまでのところカマラ・ハリスは自らが女性であり、人種的マイノリティであることをあまり強調していません。それは、ヒラリー・クリントンの失敗を繰り返さないためと報道されています。ヒラリー・クリントンは「私が初めての女性大統領になる」といいすぎたので、保守層を過度に刺激してしまいました。

それよりはアイデンティティを殊更に強調しないオバマ流でいくということです。彼女が黒人であり女性であることは見ればわかるのですから、あえてそのことを強調しない。ハリス本人が繰り返し述べているように、みんなの大統領になるということです。

女性票といっても、日本と違って、人種の分断が入ってきます。オバマのときには白人女性の半分以上がオバマに投票しました。一方、白人男性は、過半数が対立候補のジョン・マケインに入れています。白人の女性票は候補間でゆれます。

しかし、女性であることをあからさまに強調すると、白人男性がどう動くか分かりませんし、アンチが増えるかもしれません。アメリカは一般に思われているほど、ジェンダー平等が浸透している国ではなく、ヨーロッパと比較すると、政治家に占める女性の割合も高い方ではありません。

黒人を敵対視するトランプ

編集部　トランプと黒人は敵対関係なのでしょうか？

藤永氏　明確にそうだと思います。トランプが直接黒人を批判することはあまりありません。しかし、トランプの支持層は、以下のように主張します。

「人種差別はアメリカで深刻な問題である。しかし黒人のことばかり言うな、いまは白人に対する差別の方が激しいんだ、黒人はちょっとしたことで、すぐに差別と騒ぐ」と。

そして、トランプが「不適切な発言」で騒がれると、よけいに「ほら見ろ、差別、差別だと黒人は言い過ぎだ」と、なります。

それを見て黒人は、やっぱりあの人たちとは相いれない、違うとなるのです。

トランプ陣営があげている公式のプラットフォーム、「アジェンダ47」には、DEI政策を止める、とはっきり書いています。DEIとは日本の企業でも雇用方針として公式に掲げているところがあるもので、ダイバーシティー＝多様性、イクイティー＝平等・公正、インクルージョン＝包摂性を意味しますが、多様性を貴ぶ人事方針をとっていくということです。

これをトランプ陣営は、白人男性に対する差別であると捉えています。DEIは能力のない者を優遇する不平等な政策であると中傷を繰り返しています。カリフォルニア州司法長官、上院議員、副大統領としての実績にある黒人で女性のハリスを「DEI候補」だと揶揄しています。

もう一つは過激なところでは、トランプ政権時のスタッフが多く関係している「プロジェクト2025」というヘリテージ財団が作った政策提言のなかに、連邦教育省の廃止があります。なぜ連邦教育省が廃止の対象になるかというと、人種平等に関わる歴史と政治が関わっているからです。

アメリカでの教育行政は日本に較べるとはるかに地方に権限が委譲されていますが、連邦政府は予算の配分を行うことで教育に関与してきました。1960年代にブラックパワー運動が興隆すると、黒人やラティーノ、アジア系は、自らの歴史的体験が学べるプログラムを要求しはじめ、全米の多くの大学で専門の教育研究の部局が創設されました。その研究の成果は初頭・中等教育のカリキュラムにも影響を与え、多様な経験を学ぶプログラムが整備されていきます。この動きに保守派が攻撃を加えてきています。

わけても彼らが標的にしているのが「批判的人種理論」と呼ばれるものです。批判的人種理論は、もとはといえば法学の分野で彫琢されたアカデミックな理論であり、人種は生物学的に決定されるものではなく、社会的制度がつくりだすものだということをひとつの観点として議論を展開しています。

アメリカの歴史や法、社会は、人種を再生産するものであるという指摘がなされると、アメリカの過去に偉大さを見たい保守層にとっては耳が痛いわけです。それは反米的な教えなのです。このような彼らは批判的人種理論を過度に単純化して戯画化し、それを人種差別についてネチネチ教える「左派のマルクス主義ラディカリズム」であると喧伝しています（藤永注、9月10日に行われた大統領選討論会で、トランプはハリスをマルクス主義者だと述べた。しかし、彼女の経歴からマルクス主義を思わせるものはまったくない）。

具体的な話をしましょう。奴隷制をどう語るかです。彼らの理解では、奴隷制は、労働の過程の中でアフリカ系アメリカ人がスキルを身につけることができたいい面もあったといいます。これは、ナチスはいいこともした、とか、植民地支配にはいいこともあったなどという主張にも似て、適切な文脈化がなされない限りは、歴史修正主義の誹りを免れない解釈です。このような解釈に立つと、奴隷制にはいい面もあったのに、抑圧と権利侵害ばかりを言う、そんな非愛国的歴史観はけしからん、となります。彼らにしてみれば、人種主義の過去を強調する反米的な歴史解釈を支えているのが批判的人種理論家だとなります。実際のところ、批判的人種理論とはそのような「理論」ではまったくないのですが。

だからこそ、「大きな政府」や「ディープ・ステイト」が推進する教育は廃止し、愛国的なアメリカ人が育つように権限を州以下の地方へ移譲せよ、そう彼らは主張しているのです。なお、ここで、アメリカ史のなかでは「州の権利」とは奴隷制擁護のスローガンであったことを付言しておきます。こう語るわたしは、かれらにしてみれば、批判的人種理論家のマルクス主義者になるでしょう。

そのような彼らは自らをプロ・ホワイトだといいます。白人に対して優しいだけで、人種差別ではないと、本気で思っているのです。

私はミシガン大学のアフロアメリカン・アフリカン研究所で客員研究員だったことがあります。トランプ的な政策が実施されたら、そのような部局は予算が激減されることになります。

なぜ、そうなるかというと、たとえば、そのような学びをしてきた人は、奴隷という言葉は不適切であって、「奴隷化された人々」というべきだと主張したりするからです。奴隷になるべき人など最初からいなくて、強制的に奴隷にされたんだ、ということを強調しないといけないと主張します。

しかし、そう言うと、保守的な人々には、「なに、小難しいことを言って、このPC（ポリティカルコレクトネス）が！」ということになるのです。

黒人大衆、特に今の25歳以上の人たちがはっきりと覚えているのは、トランプがオバマ大統領に対して、「オバマはアメリカ生まれでない」とするデマを流すことで、彼が大統領になる資格を否定したバーサー運動の中心的人物であるということです。

さらに、いまから35年前、セントラルパークで黒人少年の集団が白人女性をレイプしたという罪に問われた事件がありました。「セントラルパーク・ファイヴ事件」といわれています。その時、新聞に公告を打って、「彼らを死刑にしろ」という運動を行ったのがトランプです。後に、これが冤罪であったと分かっても、トランプは謝罪を拒否しています。

レイシズムを問う黒人の声に応じないことがある層にとってもウケるし、トランプ自身も応答責任を感じていないからです。

さまざまな面でトランプは黒人に対して敵対的であり、さらに、トランプが3名の判事を任命したことで、6対3と圧倒的に保守派が有利となった連邦最高裁が、保守・リベラルがそのまま対立する形で「アファーマティブ・アクション」に対して違憲判決を出しています。これによって、大学入学者選抜試験において、多様性を勘案する、マイノリティ入学者を増やす措置を講じることができなくなってしまいました。これは黒人の教育の機会が狭まることを意味します。いくらトランプ当人がレイシストであることを否定しようとも、黒人や有色のマイノリティを敵対視しているのは明らかです。

黒人とラティーノでは歴史も世界観も違う

編集部　先ほど出たラティーノと黒人では差別はちがうのでしょうか？

藤永氏　従来、アメリカの地方政治のレベルでも、ブラック＝ブラウン連合といいますが、黒人とラティーノの連携がとれないか模索されてきました。しかし、その利害調整が難しいのです。

それは、競合関係になってしまうからです。1970年代から1980年代にかけてよく行われていましたが、公共事業の発注先が人種別に一定程度配分されていました。すると、その中で仕事の取り合いになってしまうのです。だから、利害調整というのはなかなかうまくいかないのです。

他方で人種やエスニシティを超えた対話や政治連合の構築が行われたケースももちろんあります。

たとえば、1966年に結成されたブラックパンサー党がそうです。この党は黒人分離主義者の党であると度重なり誤解されていますが、その創設時には日系アメリカ人が深く関与していました。

同党が結成されたカリフォルニア州オークランドで、黒人と日系アメリカ人の住んでいる場所は非常に近く、結党時のメンバーたちは青年時代を一緒に遊び、一緒に学んだ人たちです。周知のとおり、カリフォルニアの日系人は、第二次大戦中は強制収容されるなど、激しい人種差別を経験しています。「白人のマジョリティ」に対して、「有色のマイノリティ」としての共通の経験ももっています。だからこそ、彼らは同じ仲間になれたと思います。

一方、白人に近いラティーノの場合は、話さないとわかりません。外見上では白人とすぐに見分けがつきません。だから、万引きするのではないか、麻薬を売るのではないか、と疑いをかけられることは少なかったと思います。黒人とラティーノの経験はかなり違ったものになります。

ところがラティーノの中にも肌が浅黒い集団、ならびに風貌や着ている服も含めて、メインストリームのアメリカ社会に馴染んでいない変わった格好となってくると、これは黒人やアジア系と同様に、人種主義的な抑圧や暴力の対象になっています。実際にカリフォルニアでは、日系人が強制収容されたころ、ズートスーツと呼ばれるメキシコ系にルーツを持つ衣服を着ていた人々が白人暴徒から襲撃される事件がありました。

黒人であるがゆえに、犯罪者扱いされる

藤永氏　ウィリアム・ジュリアス・ウィルソンというとても高名な社会学者がいます。1978年に『低下する人種の意義』という研究書を公刊し、「公民権法の制定されたアメリカでは、もはや人種は生涯受けるチャンスをわける大きな指標ではない」と述べて、大きな論争をよびました。

しかし、2000年代になると「私は文化の側面を軽視し過ぎた」と著書の中で語り、自らの差別体験を綴っています。

ハーバード大学で教授職にあった彼はそれ相応のところに住んでいました。しかし、たいていの場合、エレベーターで彼と出会った人たちは、バックや財布を彼から遠い所へ置こうとするのだそうです。つまり、怪しい人物だと思われたわけです。

同じくハーバード大学のあるマサチューセッツ州ケンブリッジでは、黒人というだけで犯罪者扱いされる別のケースもあり、これは大々的に報じられる事件となりました。ヘンリー・ルイス・ゲイツ・ジュニアという一般的にも広く知られていた文学者が、自宅にい

たところを逮捕されたのです。近所の人が、怪しい人物が隣の家に入って、ものあさりをしているという通報をしたからです。彼も黒人でした。

つまり、黒人であれば、収入や職業がどうであれ、人種の重みからは逃げられない、ということです。

このようなことを端的に表すエピソードがあります。1960年代にマルコムXがテレビ討論会に出た時に、ケネス・クラークという高名な黒人の心理学者と議論になりました。クラークは公立学校の人種隔離政策を批判していました。当時（いまもそうですが）、黒人と白人は異なる学校に通い、特に南部ではそれが法律になっていました。クラークは、それを訴える原告団に加わって裁判で証言台に立ち、人種隔離が黒人の少年少女に深刻な心理的ダメージを与えているということを立証しました。

人種統合を推進するクラークは、マルコムXに対して「過激な言い方は、白人を遠ざけるだけだ、もっとアメリカ社会に溶け込む努力を黒人がしなければといけない」と言ったところ、マルコムXはそのクラークに対して、こう言いました。

「博士、便所であなたのことを白人の紳士が噂してたんですが、なんて呼んでいたか、知っていますか、ニガーと呼んでいましたよ」と。

これにはクラークも絶句するしかありませんでした。返す言葉がない。クラークも白人が差別的言語で語ることぐらい十分知っていたはずですが、知らないふりをして白人の善意を信じようとしていたのです。

クラークは自分の子どもを、一般の黒人の子どもが通えない私立の白人学校に通わせていました。70年代になると、そのようなクラークは「人種の裏切り者」だと批判されるようになります。そう言われたことで、クラークの心は痛んだと思います。彼も黒人で、共通の差別体験を持っているからです。黒人の社会運動にコミットしているからと言って、自分の大義を子どもに押し付けることはできない、彼らの人生のためにベストの機会を与えるのは親として当たり前ではないか、と考えていたのです。

このように、地位が、ある、ないにかかわらず、黒人はみんな、「人種の重荷」を背負っています。

差別意識が薄い、いまの若者たちだが……

編集部　その差別は今でも続いているのでしょうか？

藤永氏　いまでも、はっきり続いていると思います。すごく卑近な例では、タクシーが止まってくれません。ヨーロッパ系と並んで立っていたら、自分のところを通り越して行ってしまいます。それは頻繁に起きていることだと思います。

編集部　将来的にも差別は続いていくのでしょうか？　白人がマイノリティになったら変わることは考えられないのでしょうか？

藤永氏　将来のことは、明確な根拠を添えてお答えするのは難しいですが、将来を先取りしていると思える事例から、一定程度の予測は可能かもしれません。そこで考えてみたいのが、すでに将来を先取りした社会に生きている人々、いまの若者、つまりいわゆるZ世代のことです。この世代での人種差別は上の世代ほど厳しくはない、そう伝えられています。

年長者ほどには、黒人に対してネガティブなイメージを持っていません。黒人が友達にいるからです。ただし、それが個人的なレベルを超えて、集団としての関係性の改善に向かうかどうか、これについては予測がつきづらいところがあります。

これは、日本と東アジアの関係について見ていくとよりわかりやすいかもしれません。若者は私たちの世代と比べて、アジアの隣国に対する態度がフラットです。韓国発の大衆文化は大人気だし、中国についても、もはや経済的に遅れている国だとは思っていません。大学キャンパス、アルバイト先等々、実際に交流を深める機会も急増してきました。ただし、そのような感覚が集団としてみたときに、関係性の改善まで進むかというとわかりません。なぜなら、組織化されたヘイトがあるからで、それが将来にどう影響を与えるか、はっきりとしたことはわからないと思います。

現代社会で白人が差別されているという感情が、いつ頃から高まり始めたか、いろいろ研究が出ています。２０１４年から２０１５年ぐらいを境に２０１６年でグッとあがっていきます。

ヘイトがはっきりと組織化され、出版からインターネット、さらには文字通り拡声器を通じて「拡散」されていったからです。いわゆるトランプ現象は、西欧・アメリカ・日本におけるこのような大きな変化の流れのなかで起きたことです。個人の感覚もそのような動向から影響を受けざるをえません。自分は差別をしていない、と思いながら、そう行動すること、これはどこでも、どの世代でも起こり得ると思います。

「白人の方が差別されている」というキャンペーン

編集部　2014年から2015年に拡声器のように繰り返し言っていたのは、どのような人たちなのでしょうか

藤永氏　組織化された最初の目立った現象は「ティー・パーティー」の出現です。彼らの主張は「大きな政府を解体する」というリバタリアン的な流れを汲んでいました。しかし、連邦政府を批判し、ローカルな政治を尊ぶという主張の背後に、奴隷制以来のアメリカ政治の言語と仕組みがあるのはすでに述べたとおりです。トランプや「プロジェクト2025」はこの流れの先にあります。

2009年のオバマ政権の誕生、すなわちリベラルな黒人大統領の誕生は、白人保守派を強く刺激し、その人たちが、漠然と拡がっていた反感を活発に組織化していきました。

しかし、そこでも、有色のマイノリティは劣等な人間であるだとか、レイシズムを露骨に掲げることはもはやできません。そこで、感情的に動員されたのが「白人が差別されて

いる」というものです。その結果、SNSなどのデマに流されやすい人たちだけでなく、共和党支持層を中心に保守的な心性をもつ一般の人々のなかに、その感情が共有されていきました。少し皮肉を込めて言えば、とても聡明な頭脳をもっているはずの連邦最高裁判事もそう考えている人がいるのです。

その実例に、2013年のシェルビー郡対ホルダー判決があります。

この判決は、1965年にマーティン・ルーサー・キングが率いた「セルマ闘争」が黒人に対する投票権侵害への関心を爆発的に高め、ジョンソン政権がその湧き上がる世論を背景に制定した法律、1965年投票権法の合憲性を問うものです。

1960年当時、南部の州では黒人の投票権は厳しく制限されていました。アメリカでの選挙は州政府の管轄下にあり、投票権保護の責任も州政府にあるのですが、1890年代以後、この州政府が長い間白人至上主義者によって掌握されていました。有権者登録を行おうとしただけで暴行され、解雇された、そのような黒人は決して少なくありません。しかし、南部の州政府はそれを放置していたのです。

そこで、1965年投票権法は、投票権に関わる管轄を州政府から連邦政府へと移しました。シェルビー郡対ホルダー判決で問われたのは、投票権法のうち、人種差別の過去のある州、すなわち南部諸州に対して、選挙に関わる法律の改正を行う場合には、連邦政府の事前審査を受けなくてはならないとする条項です。

　シェルビー郡対ホルダー判決での連邦裁多数派の意見は、同条項が依拠しているのが古いデータであるとし、特定の州だけにとても負担のかかる行政的手続きを求めるのは違憲であると判断したのです。

　こうして公民権運動の成果のひとつが合法的に壊されました。ある病の発作が薬で抑え込まれていたとします。その薬を止めるとどうなるでしょうか。投票権法の事前審査条項は、レイシズムの発作を防いでいました。しかし、その法が停止されたのです。

　その結果、現在、州レベルでの投票規制が行われています。1000を超える投票所が閉鎖されましたが、その多くは有色のマイノリティが住んでいる地域にあります。投票に際して写真付きＩＤの提出を求める法律は、貧困なマイノリティに過度な負担を与えています。投票するのが非常に難しくなってしまいました。

　この判決の見解はこう述べています。データが古い、つまりいまは違う、合衆国憲法は過去を懲罰するものではない、つまり、奴隷制や人種隔離制度の問題は関係ない、ということです。平たく言って、もう黒人に対する著しい差別はないと、それは昔のことだ、むしろ投票権法が逆に「白人差別」になっている、と保守派の最高裁判事が考えたということです。

この中で今回の選挙を向かえます。トランプはたびたび選挙が公平ではないと喧伝していますが、選挙法の改正によって公平でない重荷を背負わされているのは、むしろ民主党支持者の多い有色のマイノリティの方です。

人種差別の分断は昔の方が暴力的だった

編集部 人種対立というのは分断の大きな要素といえるのでしょうか？ その点はどのようにお考えですか？

藤永氏 少し長い歴史的な観点から見て、いまの分断が以前と比べて激しいかというと、私はそうは思いません。昔の方がひどかったという側面はたくさんあります。ただし、昔の局面といまの局面の違ったところは、その分断が、民主党と共和党の政党間対立になっているところだと思います。

一般的に日本人の感覚ですと、党が対立するのは当たり前だと考えてしまいます。しかし、アメリカでの法案の審議、投票行動は、それほど党によって分かれるわけではありません。二大政党間の意見の重なるところを生かして、いかに法案をたてるのかが、アメリカ政治の妙だったのです。いまは党派で分かれてしまっています。日本の投票行動と同じようになっているのです。

編集部　昔の方が、分断が激しかったというのは、どういったことがあったのでしょうか？

藤永氏　公民権運動は、広く一般的に、すさまじい勝利を収めて、アメリカ社会を一変させたというように認識されています。キング牧師はアメリカ市民から広く尊敬を集め、非暴力主義は広く支持を集めた、と。

しかし、実態はそうではありません。当時にあってキングは、南部では「最も危険な黒人」と呼ばれて憎まれ、アメリカ市民の過半数は非暴力主義を過激な運動とみなしていました。民主主義国家である限り、政治的問題はデモ行進をするのではなく投票で解決すればいい、というのです。

1950年代に公民権運動を大きく前進させたひとつの契機がブラウン判決です。これは、公立学校における人種隔離に対して下された、連邦最高裁の違憲判決のことです。民主党のケネディとジョンソンの両政権は公民権運動に同情的でしたが、違憲判決が下った直後から、同じ民主党の連邦議会議員が敢然と最高裁判決に逆らいます。たとえば、連邦上院で大きな影響力を持っていたストロム・サーモンドらが南部宣言という声明を発表します。最高裁判決は南部の州権を否定する行為であり、判決に従う必要はないというものです。

20世紀までのアメリカでは、保守とリベラルといったイデオロギー上の分断線は政党の間にはありませんでした。アメリカでもっとも「保守的」な政治家、人種差別的な政治家は民主党にいたのです。さらに共和党にもリベラルな政治家は大勢いました。共和党はなにはともあれ「リンカンの政党」です。

そのような過激な姿勢を連邦議会の大物政治家たちが取れば、地方の政治家もそれに倣います。そこで学校の隔離撤廃は一向に進まなくなり、さらにはKKKが復活してきました。

その一方で、いよいよ隔離撤廃が迫られてしまうと、南部の自称リベラルな政治家は、新しいプランに従うと、黒人が大勢やってくることなんて絶対にありません。白人校への入学者は多くても2～3人ぐらい、しかも厳正な試験を受けてもらいますから、お子様の修学環境が危険に晒されるということはありません、と、いまなら人種差別的だと解釈されることを平気で言っていました。強調しておきますと、これがリベラルの態度だったのです。

当時は、レイシズムはそこまで酷く、ここが重要ですが、それで白人市民は当たり前と思っていたのです。

北部の事情をみましょう。1968年にシカゴで民主党大会が開かれました。このときも現職大統領のジョンソンが不出馬を宣言した大会であり、ベトナム反戦活動家や黒人のアクティヴィストたちがジョンソン政権の政策に抗議するために大勢集結しました。この抗議活動は当時のシカゴ市長の命令を受けた警官隊によって暴力的に弾圧され、シカゴのダウンタウンはたいへんな騒ぎになりました。

奇しくもバイデン大統領が出馬を辞退したなかで迎えた今年の民主党大会も会場はシカゴでした。そこで、「分断」を考えると、また何か起きるのではないかと喧伝されていましたが、周知のとおり、なにも起きませんでした。

さて、公立学校の人種隔離が是正されたかというと全然是正されていませんし、先に述べたように投票権法に対するバックラッシュは激しい、それでもそこまでの騒乱はおきていません。ＢＬＭ（ブラック・ライヴズ・マター）運動にしても、日本で一部の報道機関が伝えていたのとは大きく異なり、大多数は平和的な抗議でした。

「移民」についてみましょう。19世紀後半の中国人排斥はとても暴力的なものでしたし、日系人は第二次世界大戦中に強制収容されました。その当時や60年代を考えると、現在が人種による分断、移民に対する敵意が歴史的にみてとりわけて強いかというと、私にはクレッションマークがつきます。

１９８０年代から90年代初頭にかけてもアメリカの分断が喧しく言われました。こう考えてみれば、つねに激しく分断しているのがアメリカなのです。ならば、かくも分断しているのに、どうして国がバラバラにならないのか、アメリカを繋ぎとめているのは何か、これを問うべきだと思います。

巧妙に人種隔離されている南部の公立学校

編集部　再度確認したいのですが、南部の公立学校は、まだ黒人と白人は隔離されているのですか？

藤永氏　隔離されています。南部に限らず、むしろ北部と中西部の都市の方も激しいです。わかりやすい仕組みを説明しましょう。公立学校には学校区があります。居住地区が白人と黒人でわかれているので、学校区の境界が住宅の人種が変わる境界と一致すれば、黒人と白人が同じ学校へ行きません。かつては人種によって学校が指定されていましたが、いまでは、それは違法です。しかし、学校区の線引きで人種隔離しているのです。

学校が隔離され、「黒人校」のリソースが乏しいと、進学も就職もままなりません。そうすると所得も下がります。所得が下がれば良い学校がある地区に移ることはできません。その家庭の子どもは再び同じサイクルに入ります。こうして、人種を明確に名指ししなくても、人種差別は残ります。

これを「制度的人種主義」と呼びますが、保守派、わけてもトランプ支持層は、これが差別だと認めません。法の文言から消えた以上、差別はない、先ほど説明したことです。

さらに、1970年代になると、住宅の隔離が教育の隔離を支えている現状を変えるために、生徒の人種的な不均衡をなくすために、バスで一定の生徒数を交換し合う政策、これをBusing（バスイング）といいますが、この政策がかなり熱心に行われました。

しかし、1974年、デトロイト都市圏で行われていたバスイング政策に対して違憲判決がでました。

アメリカの都市圏では、戸建て住宅が建ち並ぶ郊外の住民の多数が白人です。黒人は都市の中に住んでいます。これを混ぜようとするなら、郊外と都市圏をひとつの教育委員会に束ね、その管轄下にある生徒に長距離通学をさせることになります。デトロイトで行われていたのはそのような施策でした。これは不当な負担を郊外地区にかけるものだとして、違憲判決がでたのです。白人に対する逆差別ということです。

白人の郊外化というのはその後も続いていきます。住み分けはより進んでいますが、それを是正する効果的な措置はありません。都市によっては、かつてより厳しくなったというところが現れています。

編集部　そのような隔離された状況はあるけれども、暴力的な対立まで起こっているわけではないということですね。

藤永氏　そうです。そして、多様な学生を積極的に受け入れている大学に行ったら、環境はかわってきます。さらにニューヨークのマンハッタンやシカゴのループのようなところは、経済階層はともかく、人種的な面では著しい多様性があります。

そこにいるだけで、多様な人々と出会えます。ここで新しい認識が生まれる可能性が開けます。都市部に民主党支持層が多いのは、一部にはこういった理由からです。

社会的、文化的保守層が組織化された現在のアメリカ

編集部　いまでも人種的な分断というのはあるけれども、激しくなっているのは、政党間対立ということですね。

藤永氏　その点ははっきりいえると思います。社会的、文化的保守層というのが、近年、きわめて組織化されてきたと感じています。つまり、共和党という基盤を持ったということです。

歴代のアメリカ政権の中で、福祉政策やマイノリティに対してもっとも優しい政策をとっていたのは、施策の数や予算面で考えていくと、共和党のニクソン政権だったという研究があります。

これにはおそらく、戦後長くリベラルな政治が続いたなかで誕生したために、保守的な政治アジェンダが強く出られなかったという側面があります。

ただし、ニクソンのときに保守への転回がはっきりと始まっていました。アファーマティブ・アクションにせよ、バスイングにせよ、リベラルな施策で人種的分断を煽るように使ったのです。

具体的に述べます。アファーマティブ・アクション政策でマイノリティが優先的に雇用される、すると「白人労働者」は反感を抱きます。他方、当時の大きな労働組合は民主党政権の屋台骨のひとつでした。労働組合の組織率は高く、とても大きな票田になります。

表向きには「優遇策」は「差別」であると述べておきます。しかし、実態としては選択的にそのような施策を行うのです。労働者を人種で分断し、白人労働者のリベラルな施策への反感を高める、そうして、長期的には自らの政治的アジェンダの利になるように、このような政策を選択的に使ったのです。

その時代から徐々に、共産主義の恐怖と言っても聞かなくなる時代に、社会的なところで人種を利用しながら、くさびを打ち込んでいくということを、ニクソンは巧妙にやっていったと思います。それが現在につながっていると思います。

非常に面倒くさいアメリカの投票制度

編集部　黒人の低所得者層と白人の低所得者層とが共通の基盤を持つということはないのでしょうか？

藤永氏　私はあると思います。共和党副大統領候補のJ．D．ヴァンスの経歴に象徴されるように、このごろは白人労働者が共和党の岩盤支持層だと様々なところで言われていますが、かなり偏った言い方で、私はミスリードだと思っています。白人労働者の支持を民主党はそれなりにつなぎとめていますし、ＵＳスチールの労働組合もＵＡＷにしても、ハリス支持を早々に打ち出しています。

アメリカの選挙はとにかく面倒くさいのです。

まず、事前に有権者登録をしなければなりません。そして、投票用紙Ballot（バロット）がまた面倒です。

日本では、投票用紙に名前を書き込むだけです。しかし、アメリカでは、Ａ３ぐらいの紙の表と裏に、そのとき選挙に出ている人の名前がずらーッと印刷されていて、それをひとつずつ埋めていかなければなりません。教育委員会委員長から地方検事、州によっては州務大臣まで、幅広い役職が選挙で選ばれます。だから、投票用紙が長く大きいのです。その作業に少なくとも10分ぐらいはかかります、じっくり考えていたら１時間くらいかかる投票用紙なのです。

選挙は、このように大変面倒くさいですから、かなり働きかけをしないと選挙に行ってもらえません。だから、11月の選挙の投票日に向かって、各党のボランティアが家のドアを叩き、電話をかける、通りで声をかける、と、アメリカ型の「ドブ板選挙」をするわけです。

これが、アメリカの選挙です。

トランプが掘り起こした層というのは、従来の政治に関心を失った層です。民主党も共和党も言っていることは同じ。選挙になるといいことを言うけど、やっていることは全く同じ。自分たちだけでうまいもの食っている、そう思っている人を、トランプは選挙に行くよう駆り立てたと思います。

従来、選挙に行っていない層、高卒の白人男性だとか労働組合に入っていない人とかを取り込みました。単なる無党派層ではなく、いままで選挙に行かなかった層が支持層になるというのは、とても大きいことです。その部分をグッと広げたという功績はあると思います。

歴史的に言って、アメリカは「ポピュリズム」の発祥の地です。それは19世紀末のアメリカ西部と南部で生まれました。元祖のポピュリズムを担った人々が、通常の政治の回路から離れていた人の望みを再び「政治」へと向かわせた人たちでした。

それにあたっては、因習的な政治が実現不可能と見なすことを公然と公約に掲げたという側面もありました。そうすることで民衆の熱狂を「政治」に流し込んだのです。そして、そのことをメインストリームの政党、二大政党が、ポピュリストのアジェンダ、たとえば公益事業の拡大や大企業規制等々を、ポピュリズムのさらなる台頭を防ぐために、徐々に政策に組み入れていったところに、二大政党制の民主主義のダイナミズムがあったのです。

しかし、現在のポピュリズムは、これとは逆を向いています。メインストリームの共和党が熱狂に引っ張られていています。熱狂を実現可能な政治に昇華できるはずの民主主義が機能しておらずシステムが機能不全を起こしています。連邦政府で重職を担った政治家の多くが対立政党の候補への投票を呼びかけている事態になっています。共和党は変わりました。

だから、共和党員を閣僚に任命する意向をハリスが公言したのです。これは、トランプとは違う、かつては共和党主流だったみなさん、恐れないで私に投票してくださいというメッセージです。

ＢＬＭ運動のグループとの回路を作った民主党政権

編集部　話は変わりますが、ＢＬＭ運動はバイデン政権時代には収まっていたのでしょうか？

藤永氏　社会運動としてのBLM運動の特徴のひとつは、リーダーがいないということです。かつての公民権運動には全米的に名前が知られたリーダーがいました。何らかの運動が行われたときには、市当局と交渉のために団体のリーダーが、市長や警察署長、商工会議所の会長などとの会談を行って、事態の改善に向けた合意を取り付けていました。

しかし、BLM運動では、そういうことは行われていません。日常的に運動を代弁する人が不在だから、運動が終わったかに見えるときがありますが、BLM運動の活動はバイデン政権のときも継続して行われています。

ただし、2020年5月、6月のジョージ・フロイド殺害事件のレベルでの激しい怒りを駆り立てる事件、熱情を駆り立てるキャンペーンというのは、いまはありません。

しかし、それは、運動が終わったということを意味しません。運動は目立たないかたちで続いています。

たとえば、BLMの連合体、モーヴメント・4・ブラック・ライヴズ傘下のシカゴの組織にBlack Youth100というのがありますが、ここなどは、警察公安委員長が新任される際など、その人選の公聴会などに駆けつけ、実際に市が、市長が行おうとすることを見よう、というキャンペーンをやっています。地道に活動を継続しています。

実のところ、警察による市民への銃殺並びに銃撃があったケースは、バイデン政権になって増えています。

ただし、実態がより酷くなっているといえるのかについては、私は留保したいと思います。アメリカの刑事司法制度は、投票権保護と同じで、地方自治体や州政府の管轄です。警察組織がアメリカには1万7000ありますが、それを統括する連邦機関はありません。日本の警察庁にあたる省庁はないのです。日本だとパトカーと警察の制服はどこにいっても同じです。アメリカ映画を観ればわかるように、アメリカではこれがバラエティに富んでいますが、それは刑事司法制度が分権的だからです。

だから、地域によっては、警察組織を行政が、いちからつくりあげるのではなく、警備会社に「アウトソーシング」しているところもあります。

このように組織の建てつけが分権化されていると、報告された数字を簡単にみただけで、正確な時系列比較できるとは思えません。把握されている件数の増加は、把握しようとした努力の映し絵である可能性もあり、数字は精査が必要です。

わかりやすいところで、セクハラやアカハラなどのハラスメント事案を考えてみましょう。数字としては21世紀に激増しているはずです。しかし、このようなハラスメントが昔の方が少なかったのでしょうか。多くはそう思わないはずです。つまり数字と実態が異なるのです。

犯罪統計をどう読んでいくのかは、こういったところに難しさがあります。それは、気温の観測とは異なります。

現在、警官暴力に関して、バイデン政権がトランプ政権と違って進めていることが合意判決というものです。例えば警察がひどいことをしているといった場合に、それが本当にひどいことなのか、本当に罪に問われることなのか、いったい誰の責任なのか、ということを刑法上の白黒は付けずに、解決に向けて連邦政府と裁判所が仲介するなかで合意を取り付け、とにかく事態の改善を目指すという取り決めです。

これは、独占禁止法違反の案件などでよく使われるものです。オバマ政権は、白人警察官が黒人少年のマイケル・ブラウン君を射殺、大陪審が警官を不起訴にし、「ブラック・ライヴズ・マター」というスローガンが広まる契機となった大抗議運動が起きたときに、警官暴力の改善を最重要策として進めました。それをトランプ政権が止めていました。バイデン政権になってその方針が復活しました。

抗議する側とのコミュニケーションをとり、まがりなりにも事態が改善に向かうようなシステム、対話の回路を整備しようとしたのです。実際、それがうまくいっているかどうかはさらなる調査が必要です。しかし、そのような姿勢を見せていることもまた、怒りを起因とした大きなストリート抗議が起きていないことの要因だと思います。

厳しい治安体制のもとで暮らすことがはたして幸せか

編集部　ニューヨークで治安がひどくなっているといわれていますが、実際はどうなのでしょうか？

藤永氏　ニューヨーク個別のことは明るくないので確かなことはいえませんが、ひどくなっているのかもしれません。ただし、連邦司法省とＦＢＩの調査によると、近年、犯罪は減少しています。犯罪統計は扱いが難しいということは先ほど述べましたが、治安が悪化しているように人々が感じている、このことに重層的な問題が潜んでいます。

そして、１９９０年以降、どのような政策の中で犯罪が減っていったのか、それは、かなり高圧的なポリーシングが行われていたから、そうなっていたわけです。警官暴力や大量収監の問題等々、その副作用は強く出ています。

実のところ、凶悪犯罪でもっとも苦しんでいるのは黒人コミュニティーです。犯罪といった場合に、どうしても、日本では、コロナ禍のときに広く伝えられた地下鉄でアジア系が殴られるだとか、ホームから突き落とされるとか、そのようなことをイメージします。しかし、実際、一番大きな被害を受けるのは、貧困層の住んでいる地域です。しかし、その地域の苦しみが伝えられることはめったにありません。

貧困地域で犯罪率が高まっているということを、デモナイズしているのがトランプです。しかし、トランプ流の「法と秩序」、治安対策の強化を望む人々が、貧困層で増えているかというと、具体的にどのような対策を望んでいるのかを把握しないといけないでしょう。トランプの考える「法と秩序」と、貧困な黒人が考えるそれとが実際には違っていることは十分ありえます。

貧困な黒人が住む地域で警察官を恐れる人は多くいます。犯罪を行っているからではなく、犯罪者とみられるからで、助けるのではなく、殴るような警察官がくるのは、まっぴらだ、そんな感情は彼ら彼女らの体験によって裏づけられています。

分断をなくすにはやはり正しい事実を伝えること

編集部　人種的な分断、あるいは差別というものは、難しいとは思いますが、どうしたらなくなるのでしょうか？

藤永氏　これは期待、あるいは信念といった方がいいかもしれませんが、やはり正しいことを伝えることだと思います。

現状、これが行われていません。ここ2～3カ月のイーロン・マスクのツイッターがひどくて、あのテクノロジー界の天才がフェイク動画を流しています。

例えば、ハリスのありもしなかった画像を作って流すようなことをしています。SNSプラットフォームの所有者がやるわけです。高度なフェイクをテクノロジーの素人が見破らなければならないからたいへんな時代です。

このような事態に危機感を持たざるを得ません。だから先ほど、期待というより信念と言いました。事実に基づいた認識ができればいいですが、それがどんどんできなくなっている社会的環境があります。話がアメリカに関わることならば、それなりの真偽の判断が私にはつきますが、そのほかの場合には自信はありません。また確かめる時間もありません。

今年の大統領選挙の投票日、その1週間後が心配です。前の選挙で不正が行われていなかったことが証明されているにもかかわらず、不正があったと信じている人は共和党支持層の多数派です。

先にも述べましたが、特定の支持層の投票を難しくすることと「不正」と言うならば、それを行っているのは共和党が知事職を握り、議会多数派が共和党の州で起きています。このような「不正な改革」は、皮肉なことに、不正に投票する人がいると煽りたてることで世論を動かし、実現をみたものです。

共和党支持層が、不正があると思っているのは、煽っている人たちがいるからです。今回も煽るでしょう。その場合に何が起こるか予断は許さないと思います。

トランプは刑事裁判で訴追され、なかにはすでに地裁が有罪判決を下したものもあります。大統領になったならばともかく、選挙に負けた場合、このままでは刑務所に入らなくてはならないだろうと本人が認識したならば、徹底的に抗戦するのではないでしょうか。

そうなってしまうと、他国ではよく起きている選挙を契機とした大混乱が起きると思います。

本当の利害を反映した分断であれば、それはそれで仕方がないと思いますが、対立感情を殊更熱心に煽る人がいる、それがアメリカ大統領候補である、これはきわめて危険だと思います。

以前であれば、アメリカ大統領選挙は民主主義のモデルのようなものであると、私は学生に説明していました。選挙期間中はどれだけ激しい論戦を繰り広げても、お互いの戦いの健闘をたたえ、敗者は負けを認めて勝者を祝福し、この国の舵取りを誤らず、偉大な国にしてくれと勝者に願う、それが大統領選挙の日の儀式でした。ラグビーのノーサイドと同じです。

それを期待するのが、全くできなくなりました。分断があるとすれば、それは、主には政治のレベルであって、分断を煽動と真実の歪曲が支える、これをなんとかしないといけません。事実をきちんと伝える、これしかないと思います。

藤永康政（ふじなが　やすまさ）

１９６６年生まれ。日本女子大学文学部英文学科教授。東京大学大学院総合文化研究科博士課程修了。山口大学人文学部准教授、ミシガン大学アフロアメリカン・アフリカン研究所客員研究員を経て現職。専門は、アフリカ系アメリカ人の歴史、公民権運動・ブラックパワー運動。共著書に『「いま」を考えるアメリカ史』（ミネルヴァ書房）、『「ヘイト」の時代のアメリカ史』（彩流社）、訳書にバーバラ・ランスビー『ブラック・ライヴズ・マター運動誕生の歴史』（彩流社）

Column

「分断」を知るキーワード4

プロジェクト2025

本書の中でもたびたび登場する「プロジェクト2025」。ヘリテージ財団が主導し、100以上の保守系団体が参加して作られた政策提言である。

この政策提言に対してトランプは距離を置いているが、民主党はこの「プロジェクト2025」をトランプと結びつけ、批判している。

確かに「プロジェクト2025」の内容を見る限り、トランプの主張と似ているところが多くある。さらに、トランプとべったりであるヘリテージ財団が主導していることを考えると、トランプが再度政権を取ったら、どんな政策を実施してくるのかを推測するのには、大いに役に立つ。

トランプだけでなく共和党全体の指針

実際、プロジェクト2025について、ヘリテージ財団は、「2016年、トランプが大統領に就任した際に十分な準備ができていなかったという共和党員の幅広い懸念から生まれた。目的は政権移行を容易にし、トランプ政権初期に見られた内紛や法的課題をなくすことだ」と述べ、「米国を急進左派の支配から救い、キリスト教の価値観の浸透」をより大きな目標としていると語っている。

これは、急進左派である民主党のリベラルと対決するために、2期目のトランプがブレないように骨格を決めた政策ということである。トランプが右往左往したときは、この提言にもどる政策の柱でもある。

また、ヘリテージ財団のケビン・ロバーツ会長は「この計画は2期目のトランプ政権だけでなく、将来の共和党政権や議会指導者のためのものだ」とも説明している。

トランプも含めて、共和党全体の政策指針のために作ったものでもある。それは、トランプ後もにらんだものであるともいえる。

では、「プロジェクト2025」の内容はどのようなものだろうか。主だったものをピックアップしよう。

政治の全ジャンルにわたって提言

○連邦政府職員の解雇を容易にすることにより、「行政国家」を解体する。

※大統領の政策に抵抗する職員の排除を狙ったもの。献身的な政治任用者をより多く採用することでもある。

○国境に軍隊を派遣することによって、不法入国を減らし、不法移民の強制送還を増やす。入国管理機関を統合し執行を簡素化する一方、入国管理官を増員し収容スペース確保のため予算を増やす。そして、強制送還と判断された人々を受け入れない国に制裁を科す。

○連邦レベルでの個人所得税制を見直す。現在の37パーセントから10パーセントの7つの税区分を、高所得者は30パーセント、それ以外は15パーセントにする。大半の控除はなくし、法人税率を21パーセントから18パーセントに引き下げる。

○教育省を廃止する。

○メディケア（高齢者と障がい者への公的医療保険制度）とメディケイド（医療扶助事業）への資金の削減。
○米国の石油・ガス開発の規制を緩和し、電気自動車（ＥＶ）や再生可能エネルギーの生産の税額控除やインセンティブを提供するインフレ抑制法（ＩＲＡ）を撤廃。気候変動提唱者である環境派の米海洋大気局（ＮＯＡＡ）を縮小し、化石燃料の生産を増大させる。
○性的指向やジェンダー・アイディンティティに基づく差別に対する法的保護を廃止。
○行政機関の業務や政策から、ダイバーシティー（多様性）・エクイティー（公平性）・インクルージョン（包括）＝ＤＥＩへの配慮を排除、トランスジェンダーの入隊を禁止。
○国防費を増やし核兵器を強化。
○ポルノを規制しその制作者や販売者を逮捕、投獄。
○人工中絶規制を強化する。制限的な全米中絶法を成立させ、薬物中絶に使用されるミフェプリストンなど薬剤の承認を取り消す。さらに、自然流産、（化学療法など）偶発的に子どもの死につながる治療、死産、誘発流産の全ての事例について追跡調査を実施。
○ホワイトハウス記者団に所属するジャーナリストに与えられている便宜を再考、公共放送局への資金提供している民間の非営利企業への資金提供中止。

他にも、国勢調査の市民権に関する質問、キリスト教ナショナリズム、経済、大統領権限の拡大、外交問題、交通インフラについて提言している。

提言を作った人間たちがトランプ政権へ参画

先にも書いたように、この「プロジェクト2025」について、トランプは、その政策提言の幾つかを「絶対にばかげている」とコメントし、批判している。しかし、「絶対ばかげている」のはどこを指すのか明らかにしていない。

「プロジェクト2025」はトランプが主張する内容と非常に近い。連邦政府職員の政府任用の拡大、不法移民の大量送還、化石燃料産業の規制緩和、軍備増強、ダイバーシティー政策の撤回、さらには減税を求めている。

違っているところは中絶に対する考え方である。この政策提言では福音派が主張する完全なる中絶廃止を求めているが、トランプはそこまで言及していない。とはいっても、方向性は同じである。

なお、この政策提言を執筆したのはトランプ政権時の高官たちだ。住宅都市開発長官だったベン・カーソン、国防長官代行を務めたクリス・ミラー、エコノミストで私的顧問のスティーブン・ムーア、ピーター・ナバロ元通商製造業政策局長、行政管理予算局（OMB）局長だったラス・ボートなどが名を連ねている。

もし、トランプが政権を取れば、彼らは確実に入閣してくるだろう。そして、ヘリテージ財団の会長が言うように、トランプ政権が誕生したら、すぐに政策の実施にかかれるよう素早く行動するのだ。

（編集部）

第四章　シンクタンクが分断にはたしている役割

宮田智之氏
（帝京大学法学部教授）

宮田智之氏（帝京大学法学部教授）インタビュー

分断を助長する左右のシンクタンク 分断のアイディアと人材を提供

保守派の政策として「プロジェクト2025」を提言したヘリテージ財団。一方、それに対して批判の急先鋒となっているアメリカ進歩センター（CAP）。保守系のシンクタンクとリベラル系のシンクタンクだ。彼らが分断にはたしている役割と何か？　シンクタンクに詳しい帝京大学教授、宮田智之氏にシンクタンクの成立から話していただいた。シンクタンクは分断の元凶か？

（2024年9月11日取材）

政治的要因で70年代を境に急増した保守系シンクタンク

編集部　アメリカでシンクタンクが発達してきた経緯を教えてください。

宮田智之氏（以下、宮田氏）　シンクタンクがアメリカで生まれたのは20世紀初頭です。20世紀初頭はアメリカにおいて革新主義の時代と呼ばれ、その特徴として専門知識が高く評価されました。こうした背景のもと、さまざまな学問分野の成長が促されるとともに、政策研究を行うシンクタンクというものが、誕生するようになったのです。

このときに、今日でも世界的に名高いカーネギー国際平和財団やブルッキングス研究所などが生まれています。

とはいえ、20世紀の中ごろまでは、シンクタンクの数はさほど多くありませんでした。また、目の前の政策論議に積極的に関わることでアメリカ政治の動向に影響力を及ぼそうとする姿勢も乏しかったと言えます。この頃までのシンクタンクは「学生不在の大学」型であり、政策に関連した研究に従事していましたが、専門書並みの分厚い報告書を重視するなど、どちらかというと大学により近い研究機関であり、政治家が飛びつくようなアイディアを続々と打ち出していくといった性格はありませんでした。

アメリカにおいてシンクタンクが拡大するようになったのは１９７０年代以降のことです。要因は大きく分けて三つあります。

一つ目は制度的な要因です。

やはり、官僚制における政治任用制度の影響は無視できません。政府高官の多くが大統領によって直接任命されます。大統領は、自分の支持者、議員及びその経験者、企業経営者、利益団体代表、大学研究者などを政府高官に任命しますが、政策について精通しているシンクタンク研究員も多数起用されます。また、政権が交代すると、基本的に前政権の高官は退職しなければなりません。首都ワシントンで政策研究を続け、近い将来の政府復帰を目指す者にとっては、シンクタンクは魅力的な再就職先です。

シンクタンクがこうした政府高官の供給源および退職した前高官の受け皿としての役割を担うようになったのは、１９６０年代頃からです。

行政府だけでなく、立法府も外部に対して開放的です。

日本などの政党と異なり、アメリカの政党は党内規律が弱く、議員は党指導部の意向にあまり縛られません。議員は高い自由度を有し、一人で法案を提出することができますので、シンクタンク研究員をはじめ外部専門家の助言も積極的に求める傾向があります。

このように、行政府だけでなく立法府でも外部専門家への需要があり、これがシンクタンクの成長を促している制度的な要因です。

二つ目が財政的要因です。非営利団体を優遇する税制があり、また非営利団体を支える資金源も豊富にあります。数多くの財団、企業、そして個人の富裕層がシンクタンクに資金を提供しています。もちろん、政府機関も資金源の一つです。近年では、外国政府・外国企業のいわゆる外国マネーもシンクタンクの重要な資金源となりつつあります。

三つ目が政治的な要因です。これが、シンクタンクの拡大をもたらした最も大きな要因だろうと思います。

70年代から保守勢力が復権を目指す中で自らのインフラ整備に乗り出したのです。自らの主張を広める各種団体を積極的に作り上げるようになったのですが、その要の一つとしてシンクタンクに注目しました。

今回の選挙でも非常に注目されているヘリテージ財団は、まさにこの時期に生まれたシンクタンクです。このヘリテージ財団を筆頭に多くの保守系シンクタンクが70年代以降、設立されていきました。また、80年代後半に入ると、保守派は各州でのシンクタンク設立も推進するようになりました。後述するテキサス公共政策財団は、州レベルの保守系シンクタンクの一つです。

これに対して、リベラル系は当初シンクタンクの重要性を自覚していなかったのですが、保守系シンクタンクが共和党に多大な影響力を行使し、保守派の政策案を強力に推進している実態を目の当たりにして危機感を抱くようになりました。90年代を通じて、自分たちのインフラを強化しなければいけない、自分たちのシンクタンクを作っていかなければならない、といった声が高まるようになったのです。

こうして、クリントン政権の出身者を中心に、いくつかのシンクタンクが生まれるようになりました。アメリカ進歩センター（CAP）はその代表格でした。CAPは2003年に設立され、のちのオバマ政権に対して影響力を及ぼしています。

イデオロギー系シンクタンク、特に保守系シンクタンクの台頭はシンクタンクの性格自体を変えたという点でも重要です。先に述べた通り、20世紀中ごろまでのシンクタンクは「学生不在の大学」型でしたが、保守系シンクタンクは、目の前の政策論議に影響力を及ぼすことを目的に、政策提言や情報発信に力を入れる「アドボカシー・タンク」型を生み出しました。
こうして、アメリカ政治の日常においてシンクタンクは無視できない存在となり、メディアなどでも注目が集まるようになりました。

富裕層の保守もリベラルもネットワーク化されている

編集部　保守にしろ、リベラルにしろ、富裕層から資金が流れていると思うのですが、なぜ富裕層が保守とリベラルに分かれるのでしょうか？

宮田氏　やはりアメリカ政治の分極化というのを反映しているのだと思います。それが、エリートの間でも広がってきたのだと思います。１９６０年代から富裕層の間でも保守とリベラルに次第に分かれるようになりました。
まず、保守主義の原則を強く支持する富裕層が現れ、彼らは自らの財団などを通じて保守派のインフラ整備に莫大な資金を投じるようになりました。リチャード・スケイフという大富豪は、共和党保守派の政治家を熱心に支持していたのですが、70年代に入ると自らの財団を活用してヘリテージ財団などを強力に支援するようになりました。日本でも広く知られるコーク兄弟も、長年にわたり保守派のインフラ整備を支えてきた大富豪です。

一方、90年代を迎える頃になると、リベラルな傾向を持つ富裕層がリベラル派のインフラ整備の動きに賛同するようになり、シンクタンクにも多額の資金を提供するようになりました。ジョージ・ソロスはその典型です。

今日の富裕層の政治活動を考えるにあたり、富裕層はばらばらに行動しているのではなく、ネットワーク化されているということも重要です。富裕層を束ねる団体というのが保守にもリベラルにもあり、双方とも富裕層が高度に組織化されていて、直ちに支援すべき対象に潤沢な資金が流れ込むようになっています。

逆風が吹いているネオコン系

編集部　ネオコン系のシンクタンクもあると思いますが、保守とリベラルの関係ではどのような立ち位置なのでしょうか？

宮田氏　ネオコンは基本的に保守です。ネオコンのオリジナルな人たちは、元々保守ではありませんでしたが、60年代以降の民主党の左傾化に幻滅して、70年代終わりから80年代にかけて保守の一派になりました。

ネオコンを積極的に受け入れたのが、アメリカン・エンタープライズ公共政策研究所（ＡＥＩ）です。アーヴィング・クリストルら多くのネオコンに活動の拠点を与えました。

しかし、現在、ネオコンに対してはかなり逆風が吹いていて、かつてほどの存在感はありません。

編集部　逆風が吹いているというのは、何を指すのでしょうか？

宮田氏　ネオコンの絶頂期は、アメリカがイラク戦争を始めた２０００年代の前半です。当時のジョージ・Ｗ・ブッシュ政権に対して多大な影響力を及ぼしました。

しかし、その後のトランプ現象の中で、ネオコン的なものにたいする猛反発と批判の声が高まった結果、共和党内において以前ほどの影響力はありません。ネオコンのビル・クリストルやロバート・ケーガンらが設立した外交政策イニシアチブ（ＦＰＩ）というシンクタンクがトランプ政権一年目の２０１７年に解散しています。この例は、ネオコンの影響力低下を端的に物語っています。

ＭＡＧＡ派と一体化した改革保守

編集部　いまのトランプは改革保守に近いのでしょうか？

宮田氏　オバマ政権期に従来の保守派の専門家とは異なる改革保守と呼ばれる集団が現れたのですが、トランプが登場した当初は、彼らはトランプ支持を表明していなかったのです。それが、この数年でトランプとの距離が縮まりました。

アメリカン・コンパス（ＡＣ）という改革保守の流れをくむシンクタンクがあります。トランプの副大統領候補のＪ・Ｄ・ヴァンスやマルコ・ルビオに非常に近いシンクタンクです。ヴァンスやルビオとは人材面での繋がりもあります。

ＡＣに近いヴァンスがトランプの副大統領候補になったことで、改革保守はＭＡＧＡ派とほぼ一体化したのではないかと思います。

トランプ自身が影響を受けているとは思えませんが、トランプ路線と改革保守には似たところがあります。両者とも大きな政府を志向しています。小さな政府を目指した伝統的な保守路線とは違います。

また、自由貿易を批判している点でも両者は共通しています。このような共通点を見れば、改革保守がトランプに接近したのは不思議なことではありません。

減税、規制緩和で伝統的な共和党と折り合いをつける

編集部　伝統的な共和党の政策は先生もおっしゃったように小さな政府だったと思いますが、トランプの政策と矛盾しないのでしょうか？

宮田氏　共和党の中にトランプの志向する大きな政府を批判する人は確かにいますが、トランプの政策も大きな政府的なものばかりではありません。トランプ政権は減税や規制緩和を推進しましたが、これらは小さな政府の政策そのものです。

そのような政策を通じて、伝統的な共和党の人たちは折り合いをつけているのだろうと

思います。
また、改革保守の人たちも、減税や規制緩和は苦々しく思っていても、トランプの他の政策では支持できるので、そこで折り合いをつけているのではないでしょうか。

トランプにすり寄る保守系シンクタンク

編集部　シンクタンクの政治的影響力はあるのでしょうか？

宮田氏　アメリカのシンクタンクの影響力については、よく議論されます。非常に重要な問いですが、同じく軽視できないのはシンクタンクが政治の動きに迎合するケースが見られることです。特に、保守やリベラルのイデオロギー系のシンクタンクは、特定政党とのつながりが非常に強いのです。保守であれば共和党、リベラルであれば民主党との関係が深いのです。
もちろん、イデオロギー系シンクタンクは共和党あるいは民主党の傘下にあるわけではありませんが、政党の方針や性格が変われば、それに流される傾向があることは否定できません。

２０１６年以降の保守系シンクタンクの動きはまさにそれを表しています。当初、トランプに対して大半の保守系シンクタンク関係者は否定的でした。しかし、トランプ人気が共和党内で高まるにつれ、トランプに抵抗するということが難しくなり、やがてトランプへの接近を図るようになりました。

この事例ほど劇的ではないにせよ、その時々の政治状況に合わせるということは、特にイデオロギー系のシンクタンクにおいて以前から見られます。

トランプ政権で活躍したシンクタンクの中堅若手の専門家

編集部　先生は、著書でトランプ政権時代は保守系シンクタンクにとって不遇の時代だったと書かれています（『アメリカ政治の地殻変動』２０２１）が、現状はどうなのでしょうか？

宮田氏　確かに、そのように書きましたが、その後のトランプ政権を分析すると、必ずしも不遇の時代であったとは言い切れない実態を見出すことができます。確かに外交安全保障の要職において保守系シンクタンク関係者は、トランプ政権では非常に少なかったと思います。

歴代共和党政権と比べると明らかですが、保守系シンクタンクなどを拠点に活動してきた外交安保の専門家は政権から弾かれてしまいました。

それはなぜかというと、2016年の大統領選挙において、外交安保の専門家たちはネバートランプ派の中核だったからです。彼らは、反トランプ書簡を複数回にわたり発表するほど、トランプに抵抗しました。それに対して、忠誠心を最も重視するトランプが激しい怒りを溜め込み、選挙戦で自らに刃向かった者たちの政権入りを拒絶したといわれています。反トランプ書簡に署名した専門家の中には、のちにトランプ政権への協力を惜しまないと表明した者もいましたが、トランプはそうした者たちの政権入りを徹底的に拒みました。

とはいえ、トランプ政権において保守系シンクタンクの影響力が皆無であったかというと、そうではありませんでした。例えばヘリテージ財団にスティーブン・ムーアという著名なエコノミストがいます。彼は、政権入りこそしませんでしたが、トランプ周辺にいて常にアドバイスをしていました。

そして、より重要なのは、専門家としてはそれほど知られていませんでしたが、保守系シンクタンクで経験を積んだ中堅若手が少なからずトランプ政権に入っていたのです。行政管理予算局局長に任命されたラッセル・ボートは、トランプ政権に入る前、ヘリテージ財団の姉妹団体に所属していました。ボートは現在もトランプに近く、第二次トランプ政権が誕生すれば、要職に就くのは確実視されています。

また、国内政策会議委員長を務めたブルック・ロリンズもそうした一人です。彼女はトランプ政権に入る前はテキサス公共政策財団というテキサスにある保守系シンクタンクにいました。現在はMAGAを代表するアメリカ・ファースト・ポリシー・インスティテュート（AFPI）というシンクタンクの所長を務めており、第二次トランプ政権ではロリンズも要職に起用されると思います。

このように、トランプ政権との関係において保守系シンクタンクの存在感は決して皆無ではなく、当初考えられていたほど保守系シンクタンクにとって、トランプ政権は不遇の時代ではなかったかもしれません。

すっかりいなくなった反トランプの保守系シンクタンク

宮田氏 そして、現在ですが、非常に特徴的だと思うのは、8年前に比べて、保守系シンクタンクを中心としたトランプ反対運動がまったく見られないことです。

8年前には多くの保守系シンクタンクの人たちがトランプ反対運動に参加していました。AEIはその拠点で、ハドソン研究所にもトランプに批判的な人たちがいました。

メディアでは、チェイニー親子がカマラ・ハリスに投票すると表明したことなどが大きく報じられています。共和党内のネバー・トランプ派が消えたわけではありません。しかし、保守系シンクタンクの世界を見ると、トランプ反対運動は全くといっていいほど盛り上がりを見せていません。

これが、この8年間の変化を大きく象徴していると思います。AEIなどでは、外交安保の専門家を中心にアメリカ・ファーストに批判的な声が引き続き見られますが、保守系シンクタンク全体で見ると、そうした声はかなり減ったように思います。

こうした中で、ヘリテージ財団はトランプ寄りの姿勢で突出しています。ヘリテージ財団は、2016年春にいち早く親トランプ路線へと転換しましたが、現在、トランプ寄りの姿勢がさらに顕著になっています。

元々、ヘリテージ財団はレーガンとの関係で台頭した「レーガンのシンクタンク」でした。タカ派で対露強硬派でした。そのため、ロシア・ウクライナ戦争をめぐっても、当初ヘリテージ財団は積極的にウクライナ支援を支持していました。

しかし、トランプがウクライナ支援に反対を表明すると、突如、ウクライナ支援反対に変わりました。アメリカ国内のことを優先すべきだと、180度言うことを変えてしまったのです。このようにヘリテージ財団などは、トランプ支持が非常に鮮明になっています。その帰結として「プロジェクト2025」を立ち上げています。

ヘリテージ財団ほど露骨ではありませんが、他の保守系シンクタンクについても、8年前と比べれば、トランプ寄りの姿勢が見られると思います。

トランプにすり寄るために主張を180度変更

編集部　ヘリテージ財団は自らの主張を180度ひっくり返しているということですが、

どのようにそれを正当化しているのでしょうか？

宮田氏　ヘリテージ財団がどのようにして正当化しているかはわかりませんが、興味深い例として、保守系シンクタンクに近いある専門家は、最近出版した書籍の中でレーガンとトランプの共通点を強調しており、両者とも「力による平和」路線で同じだと主張しています。

レーガン同様、トランプも「力による平和」を標榜しているのだから、トランプを支持するのは、何ら矛盾しないという主張です。

確かにトランプ政権の政策では、「力による平和」路線が見られました。例えば、レーガンがソ連に対して圧力を加えたのと同じように、トランプも北朝鮮に対して、当初最大限の圧力を加えました。トランプはウクライナに関しても、オバマ政権が拒んだ武器の提供を容認しました。シリアに対しても、土壇場で断念したオバマとは違い、ミサイルを撃ち込んでいます。このように、トランプ政権には軍事力を背景にした政策もありました。

上記の専門家は通商政策についても、レーガン時代も日本に対して厳しかったじゃないかと主張しています。

このように、保守派の英雄であるレーガンとの共通点を意識的に強調することで、トランプへの支持を正当化する向きもあるように思います。

編集部　今回の選挙でトランプが負けたら、トランプにすり寄ったシンクタンクはどうするのでしょうか？

宮田氏　トランプが負けてもトランプ的なものは共和党に残るだろうと思います。ヴァンスのようなトランプ的なものを引き継ぐ後継者に寄っていくのではないでしょうか。

２０２２年の中間選挙で共和党は大勝できませんでした。トランプはその要因とされ一時的に党内での評価を下げました。対照的に、州知事選で圧勝したロン・デサンティスは２０２４年のトランプの対抗馬になるのではないかと言われるほど、評価を高めました。実はこの時、一部の保守系シンクタンクはデサンティスへの接近を試みていました。

トランプが今回負けたら、似たような動きが繰り返されると思います。また、トランプが負けても、トランプの影響力がすぐにゼロになるわけではないでしょうから、トランプとの関係維持にも努めるのではないでしょうか。

分断に棹さすシンクタンク

編集部　いままでのお話をお伺いしていると、シンクタンクはアメリカの政治指針を作っていくというよりも、政治の流れにあわせた政権の下支えの機関になっているように思うのですが、どうなのでしょうか？

宮田氏　イデオロギー系シンクタンクは、そのような傾向がみられると思います。今話したのは保守ですが、リベラルも政治の状況に合わせていく傾向が見られます。

むろん、魅力的な政策案の発表や中長期的な課題の提示などを通じて、シンクタンクが政治家や政党を動かしている事例はこれまで数多くありましたし、今日でも少なからずあると思います。ただ、それだけではないという認識は持った方がよいと思います。

編集部　そのように考えた時に分断におけるシンクタンクの役割はどのようなものなのでしょうか？

宮田氏　イデオロギー系のシンクタンクは、分断を助長するアイディアを相次いで発表したり、分断を助長するような人材を大量に育成したりすることで、アメリカ政治の分断に加担してきたのだと思います。

編集部　逆に分断をなくそうというシンクタンクはないのですか？

宮田氏　超党派の政策を出していこうというシンクタンクは存在します。しかし、これほどアメリカ政治が分極化している現状では、超党派を売りにするシンクタンクが影響力を確保することは容易ではありません。

実際、２０００年代に超党派政策研究センターというシンクタンクが生まれていますが、設立から20年近くたち、有力シンクタンクへと成長を遂げたとは言い難いと思います。

超党派政策研究センター以外にも分断の克服を目指す団体はありますが、分極化が進行しすぎた結果、中道で行こうとか超党派で行こうという動きは、なかなか幅広い支持を得られないと思います。

対共和党、対保守に注力するリベラル系シンクタンク

編集部　ところで、リベラルのシンクタンクの状況は、どのようになっているのでしょうか？

宮田氏　最近のリベラル系シンクタンクを見ていますと、対トランプ・共和党、対保守の路線で存在感を示そうとする傾向が強まっているように思います。今回の大統領選挙でも、リベラル派を代表するＣＡＰは、ヘリテージ財団の「プロジェクト２０２５」批判の急先鋒になっている感があります。

現在、ヘリテージ財団の「プロジェクト２０２５」がこれだけ話題になっている理由の一つは、民主党とともに、ＣＡＰをはじめリベラル派が繰り返し批判していることが挙げられます。「プロジェクト２０２５」がトランプの弱点になりうると睨んで、集中砲火を浴びせたのだと思います。こうした現状を見ると、保守系シンクタンクだけでなく、リベラル系のシンクタンクも政治の動きに流されているといえるのではないでしょうか。

また、リベラル系シンクタンクはより左に傾斜しており、そのことが影響してかリベラル系シンクタンクの内部において、民主党中道派・穏健派の安全保障の専門家がかなり少なくなってしまったように思います。むろん、元々CAPなどに在籍していた専門家の多くがバイデン政権に引き抜かれた影響はありますが、退職後にそれら人々がリベラル系シンクタンクに戻るという動きが見られないことも事実です。

「プロジェクトF」でアメリカ政府は大混乱!?

編集部　少し話は変わりますが、労働組合とリベラル系のシンクタンクは関係性があるのでしょうか？

宮田氏　関係はあります。労働組合が中心になって生まれたリベラル系のシンクタンクもあります。

編集部　最後の質問ですが、トランプが政府の職業公務員を政治任用に変えるという政策

（スケジュールF）を打ち出していますが、それが可能になるのはシンクタンクがいるからでしょうか？

宮田氏　トランプやトランプの周辺は、第一次トランプ政権において、トランプが進めたい政策を「ディープ・ステート」の主たるメンバーである職業公務員によって妨害されたという認識を持っています。そのため、政治任用だけでなく職業公務員のレベルまで、トランプに忠誠心のある人を入れていこうというのが、トランプやトランプ周辺の最大の目標だと思います。

こうしたトランプやトランプ周辺の考え方を、ヘリテージ財団やＡＦＰＩなどのシンクタンクは熟知していますから、現在、トランプに忠誠を誓う人々を精力的に集めており、そのための人材データベースも構築しているようです。

「スケジュールＦ」の政策が実行されれば、職業公務員レベルにも人をどんどん投入していく準備を着々とすすめているのです。

しかし、職業公務員の仕事を担えるだけの能力を持った人たちを外から集めることは簡単ではないと思います。もしトランプへの忠誠心だけで選ばれた素人同然の人が第二次トランプ政権に大量に投入されるようなことがあれば、大混乱が起きるかもしれません。非常に危険です。

宮田智之（みやた　ともゆき）

1975年生まれ。帝京大学法学部教授。慶應義塾大学大学院法学研究科後期博士課程単位取得退学、2015年博士（法学）取得。東京大学アメリカ太平洋地域研究センター助教、日本国際問題研究所研究員などを経て、現職。専門はアメリカ政治。主な著書に『アメリカ政治の地殻変動—分極化の行方』（共著、東京大学出版会）、『トランプ政権の分析—分極化と政策的収斂との間で』（共著、日本評論社）、『アメリカ政治とシンクタンク—政治運動としての政策研究機関』（東京大学出版会、2017年／第34回大平正芳記念賞受賞）など。

Column

「分断」を知るキーワード5

MAGA派

熱狂的なトランプ支持者をMAGA派とよぶ。他にもMAGA、MAGA共和党員と呼ばれることもある。MAGAはトランプの選挙スローガンである「Make America Great Again（アメリカを再び偉大な国に）」の頭文字を取った略語だ。

会場の入り口まで3時間も並び続けるトランプの支持者たち

このMAGA派が、どれくらい熱狂的なのか、取材した記事がある。ワシントンに駐在するJA全中の菅野英志氏が、月刊JA9月号に載せた記事である。彼はペンシルベニア州のピッツバークの郊外1㎞のところにある会場に向かった。

「会場に到着したのは16時頃。余裕をもって到着したはずだが、会場入り口の荷物検査には既に3㎞程度の長い列ができていた。後刻、トランプ氏は演説の中で4万2000人が集会に参加したと述べており、さすがにそれは誇張されているが、1万人前後は集まっていたように思われる。何もない郊外にそれだけの人数を集めるトランプ氏の人気ぶりは驚きである（恐らく動員もない）。また、参加者を見ると、やはり白人の割合が多く、小さな子どもを連れて家族で参加している人が多いのも印象的であった。

会場到着後すぐに荷物検査の列に並び始め、寒さと強風に耐えながらトランプ氏登場予定時刻の19時を迎えたものの、会場入り口まではまだ1㎞ほどの列が残っており入場を断念。しかし、トランプ氏の姿を一目でも見たい支持者は、その後も寒空に並び続けた。結局トランプ氏の到着が遅れたため、同氏の演説は20時頃から始まったが、約1時間にわたる演説で会場を大いに盛り上げた」

MAGA派のメインはこの記事にもあるように白人である。彼らは、会場でMAGAと書かれた帽子をかぶって熱狂的にトランプに声援を送る。副大統領候補のJ・D・ヴァンスもトランプよりも過激なMAGA派の信奉者だという。

では、MAGA派たちの主張はどのようにものなのだろうか？

「MAGA」の発祥はレーガン

そもそも、「Make America Great Again（アメリカを再び偉大な国に）」を提唱したのはレーガンであった。当時のアメリカはソ連との核兵器の軍拡競争に負けていた。経済的にも日本に追い抜かされる状況であった。そのアメリカの中で、レーガンは「MAGA」を叫んだのだ。

レーガンは、敬虔なクリスチャンではなかったが、この言葉を叫びながら、妊娠中絶の禁止などキリスト教右派の価値観を公約に掲げて自らの陣営に取り込んだ。ニューライトはレーガンを支持し、そしてレーガンはソ連の自滅に助けられ、ソ連を打ち倒した偉大なる大統領になった。

宮田智之氏はインタビューのなかで、トランプを支持するシンクタンクはレーガンとトランプとの共通点を挙げて、自らの正当性を図っていると話されていた。

トランプはレーガンに近い政策をしているかといえば、いえる。しかし、それが本当になるかどうかは、これからだろう。レーガンのときは運よく、ソ連が崩壊してくれたし、日本も武器を大量にアメリカから購入した。アメリカ経済を日本が支えた部分も大きい。

トランプが大統領選に勝てるかどうかは分からない。勝ったとしても、トランプのアメリカが中国に勝てるとは思えない。そして、かつての日本のようにアメリカ経済を下支えしてくる国があるかといえば、それもわからない。

「Make America Great Again（アメリカを再び偉大な国に）」を掲げた以上、レーガン並みのアメリカを実現しなければ、大きな熱狂は大きな失望に変わるだろう。豊かになり、強くならなければならい。

大統領選に勝っても、負けてもトランプには、いばらの道が待っている。

（編集部）

第五章　労働組合が分断にはたした役割

松井孝太氏
（杏林大学総合政策学部准教授）

松井孝太氏（杏林大学総合政策学部准教授）インタビュー

ヒスパニックと女性の進出が労働組合とリベラルの親和性を高めた

民主党で最も大きな支援団体が労働組合である。１４４０万人のメンバーを抱える。そして、現在、その労働組合が民主党内のリベラルな環境団体や人権団体と結びついて、分断の一角を担っているように見える。はたしてそうなのか？　さらに、民主党を支える大きな団体とはいえ、労働組合の組織率は10パーセントと、労働運動が衰退してしまっている日本よりも少ない。そこまで落ち込んでしまった労働組合の現状はどうなっているのか、アメリカの労働組合に詳しい松井孝太氏に聞いた。

（２０２４年９月９日取材）

公共部門が最も強くなっているアメリカの労働組合

編集部　基本的なことを聞きますが、政治に対するアメリカの労働組合の影響力は、いまだに強いのでしょうか？

松井孝太氏（以下、松井氏）　影響力ですが、組織率が下がっていますので、20世紀半ばに比べると落ちているといえます。組織率は10パーセント、10人にひとりです。

ただし、大統領選挙という文脈でいいますと、接戦州の結果次第ということもあるので、ミシガン州とかペンシルベニア州の労働組合が、実際の数以上の影響力や存在感を示すことはあると思います。わかりやすい例が、昨年のミシガン州などにおける自動車労働組合（ＵＡＷ）や現在のペンシルベニア州における鉄鋼労働組合（ＵＳＷ）です。

いま話題になっているＵＳスチールの本社はペンシルベニアのピッツバーグですので、ここの労働組合（ＵＳＷ）の意向も民主党はもちろんトランプも無視できないと思います。

また、組織率が低下しているといっても、組合員数は１４４０万人強います。これほどの人数を持ち資金力のある組織は、民主党を支援する団体にはないので、民主党としても労働組合は大事であるということは変わりません。

労働組合の強いエリアは公共部門です。ニュース性で、どうしても自動車や鉄鋼関連の組合が注目されますが、アメリカ全体でみると州政府や自治体、学校の先生、そこでは根強い組織力を持っていて影響力があります。

民間ですと企業間の競争があって、組合も強く出られないということや、組合のない南部へ企業自体が移動してしまうことがありますが、公務員はそういうことがないので、公共部門の組織率は32・5パーセントとかなり高くなっています。

さらに、労働組合の組織率は地域差もあり、ニューヨークやカリフォルニアなどは組織率が高いですが、南部はかなり弱いので、全国的にみると影響力はそれほどではないといえます。もちろん、特定の地域では存在感はありますが、一般企業だと組合が強い州から南部の州に事業所を移転してしまう状況があるので、影響力には限界があるのです。

労働組合が弱体化し労働者のコミュニティーが変わった

編集部　２０１６年、労働組合がそれなりに力のあったラストベルトの地域の労働者がトランプ支持に回ってトランプが大統領になったといわれていますが、それは労働組合の組織率が下がったためなのでしょうか？

松井氏　組織率が低下しているのは確かです。そのうえで、なぜ、労働者がトランプ支持に流れているかというと、いろいろな説があります。

かつて、労働組合は、労働者の日常生活を取り巻く、ある種のコミュニティーでした。その労働組合が弱体化した結果、教会や銃所持者団体などの存在が相対的に高まって、それらが労働者を取り巻く社会的ネットワークとしてとってかわったといわれています。そして、労働者が労働組合から解き放たれることで、共和党の方へ流れていったという研究もあります。

労働組合は民主党支持が圧倒的です。労働組合員も加盟していることで政治的情報も提供されますし、労働者の権利を守るという側面では民主党が「味方」であることは間違いないので、民主党支持が多くなります。

しかし、ラストベルトの労働者全体を考えると組織化されていない人の方が多く、その人たちは共和党を支持する可能性も高いです。

労働組合の指導者はみな民主党支持、しかし一般は違うことも

編集部　労働組合でも共和党を支持しているところはあるのでしょうか？

松井氏　労働組合のリーダーレベルでいうと、ほぼ民主党であるといえます。組合の献金ですとか、ロビー活動や、人とのつながりでいうと圧倒的に民主党です。しかし、組合の中に目を向けると、労働組合は政治団体ではないので、政治目的で参加した人ばかりではありません。ですから、一般的な労働組合員でみると、共和党支持、トランプ支持も一定数存在していることは確かです。

その人たちが組合に加盟したのは、民主党を支持しているからではなく、職場における利益代表という側面で加入していますし、中にはユニオンシップ（全員加盟の組合）だから強制的に加入させられている人もいます。

労働組合の指導者たちも基本的に民主党支持ですが、完全にフリーハンドではありませ

ん。特に運輸労働組合（チームスターズ）のように業種によっては、保守的な組合員も多くいるところもあります。そういうところでは、指導部も民主党に全振りすると、組合員からそっぽを向かれる可能性もあり、民主党一辺倒とはいきません。

また、どのような分野を中心に組織している労働組合なのかによっても多少の違いがあります。教員や公共部門などはリベラル色が強いですが、運輸労働組合や法執行などは相対的に保守寄りです。

共和党は、労働組合内の保守的で一般的な労働者が、組合を切り崩す足掛かりになるということで、組合と労働者は違うということを強くアピールします。

「労働組合（指導部）は労働者の敵である」、「労働組合は組合員の言論の自由を侵害している」、「労働組合に強制されない労働者の自由がある」、「労働組合が組合費の政治的流用をしている」などといって組合からの離反を策します。

このように「組合は民主党の特殊利益団体になっているけれども、一般労働者の味方は共和党です」とアピールして、共和党の支持を訴えます。

労働組合が献金している政党は民主党ですが、一般的な組合員を見ると、すべてがリベラルではありません。

社会文化の争点である移民やＬＧＢＴＱや銃規制などにおいて、共和党の主張に引っ張られる労働者も一定数存在するのです。民主党の政策に違和感や疎外感を持つ組合員はいます。

環境問題で利害が一致した労働組合と環境保護団体

編集部　以前はそれほど労働組合が環境保護団体と結びついていなかったようですが、現在はとても密に感じます。どうしてでしょうか？

松井氏　ひとつは労働組合が左派系の団体と親和性を高めたからです。

労働組合の指導者や構成者が白人男性中心だったころは、文化的にもやや保守的だった人が多かったのですが、労働組合員の重心がサービス業に変わっていくなかで、その意識も変わってきました。

また、グローバル化のなか、かつては日本との貿易摩擦が問題でしたが、途上国との貿易の話になっていくと、途上国の環境基準や労働基準の低さが、アメリカの労働者にとって得にはならないと意識されるようになりました。

アメリカの環境基準や労働基準にあわない仕事が途上国に流れてしまうからです。

このようなことがあって、途上国の環境基準や労働基準を引き上げたいという環境団体や人権団体の利害と労働組合の利害が一致したのです。

編集部　トランプは環境保護団体が石炭の火力発電に反対していることに対して、もっと石炭を掘れ「ドリルドリルドリル」ということで、石炭産業で働く労働者を味方につけたという報道がありますが、実際のところはどうなのでしょうか

松井氏　国内の環境問題については、潜在的に労働組合と環境保護団体との対立関係はあります。石炭産業など化石燃料を扱う産業もそうですが、CO_2を排出する産業をなくすことは、そこで働く労働者の仕事を奪うことになります。
トランプは、そこをついて、環境保護団体と労働者を離反させようとしています。それは一定程度、労働者に浸透しましたが、これによって労働組合が分断されたかというと、そんなことはありません。私の知る限り主要な労働組合がトランプの支持に回ったということは聞いていません。

広い目で見れば、トランプが労働者の味方かといえば、違うということを労働組合の指導者は分かっています。それは今までの経緯やトランプ政権のしたことをみれば、明らかなのです。

労働組合側もグリーンエネルギーやEV自動車の生産で新たな産業を生み出すことができれば、そこで労働者の仕事も増えることにつながるとしています。

リベラルなソーシャル・ユニオニズムである現代の労働組合

編集部 アメリカの労働組合は、以前の日本の総評系や同盟系みたいに、労働組合の中で左派や右派というのは、あるのでしょうか？

松井氏 アメリカの労働組合は分権的なので、大きく二つのグループに分かれているというよりは、たくさんの組合が散らばっている状況です。そのため、左派や右派で固まっているということはありません。

ただし、19世紀末から20世紀前半にかけて、アメリカの労働運動でも路線対立はありました。それは、使用者との関係や交渉にフォーカスし、そこでの労働者の利益を追求したビジネス・ユニオニズムと、職場を超えたより幅広い社会的目標の推進まで視野に置いた左派的なソーシャル・ユニオニズムです。

現在の労働組合はビジネス・ユニオニズム的な組合はほとんど見なくなりました。20世紀後半から現在にかけてソーシャル・ユニオニズム路線が労働組合全体としては主流になり、アメリカ政治全体の分極化と並行して労働組合も左派色が強まってきています。全体的にかなり左派的な組合運動が主流になっています。

ただし、左派、右派という感じではないですが、路線対立はあります。頂上単体としてAFL-CIOがありますが、その方針に不満を持つ組合が離脱することもしばしばです。かつてのUAW、チームスターズ、Change to Win（現Strategic Organizing Center）などです。

しかし、労働組合運動全体を大きく二分するような左派と右派のイデオロギー的な路線対立は現時点では見られないように思います。

そもそも、共和党があまりにも右過ぎるので、労働組合が共和党の味方になるメリットは全くありません。
日本の政治史に詳しくないので、何とも言えませんが、日本の労働組合の対立も左派と右派というよりは、あるいはリベラルと保守というよりは、左派系と穏健派の対立だったと思います。全体的には左派だったのではないでしょうか。

編集部　確かに日本の労働組合も右派といっても労使協調路線の組合で、左派は階級闘争を志向していた組合という違いでした。右派といっても、いまのアメリカの共和党のような保守思想というわけではありません。

松井氏　そのことで言えば、右派のシンクタンクが中心になって作った「プロジェクト2025」の政策案には、いまの労働組合に代わる労使協調的な別の労働者団体の枠組みを作って、いまの労働組合を弱体化させようというようなことが書かれています。
そのような議論は共和党のなかにはあります。それは、日本の階級闘争を志向する左派的な労働組合に対して労使協調路線の右派的な労働組合を対抗させるのと似ています。

共和党がいまだに推し進める労働権法

編集部　それに関してですが、保守派による労働権法の制定が２０１０年以降強まり、その後、落ち着いているようです。保守派の動きはどうなっているのでしょうか？

（※労働権法は、ユニオンショップを作らせない法律で、組合に入らない権利を認める法律のこと）

松井氏　共和党や保守派による労働権法の立法化を試みる活動自体は継続しています。ただし、各州の新規制定の波はかなり落ち着いてきています。それは、州知事や州議会の党派バランスが共和党側に有利に変わらない限り制定できないからです。民主党が有利であれば、制定に反対されます。

２０１０年代は、州議会や州知事が民主党から共和党に代わっていった時期で、共和党が主導権を握って、労働権法を制定することができました。現在は、そのような動きはなく、労働権法の制定を求める動きとそれを阻止しようとする動きが拮抗している状態です。

それでも、労働権法を推進してきた全国労働権委員会（ＮＲＴＷＣ）などは、州と連邦の両方のレベルで労働権法の制定を目指しています。ただし、定期的に連邦レベルで法案は提出していますが、州レベルより制定のハードルは高いので、活動は主に州レベルになっています。

一方、労働権法の撤廃を目指す動きもあります。2022年選挙で州知事と州議会を民主党が制したミシガン州では2023年に労働権法を撤廃しています（発効は2024年2月）。これまで労働権法撤廃のハードルは高いと考えられてきたので労働組合には大きな希望になっています。

編集部　2010年代に労働権法が相次いで制定されたのは、労働者の意識が変わったからでしょうか？

松井氏　労働者の意識が、2010年前後で急に労働権法支持へと変化したということはないと思います。少なくとも労働権法を求める労働者の割合が増えたという世論調査は見たことがありません。

どちらかといえば、それまで共和党が州レベルで力を蓄えてきて、2010年の選挙で大きく勝ったということが２０１０年代に労働権法が成立した要因だと思います。それ以前からの保守派の運動の成果とティー・パーティによる共和党への追い風があったからです。

その背景には、州レベルで政治家やシンクタンク、利益団体による保守派のネットワークを作る試みがありました。そして、米国立法交流協議会（ＡＬＥＣ）や繁栄のためのアメリカ人会（ＡＦＰ）、州政策ネットワーク（ＳＰＮ）などが、いくつかの州で同じ内容の法案、モデル法案といいますが、それを各議会に提供しました。そのような地道な努力が実った成果だと思います。

労働組合で存在感を示しつつあるヒスパニックと女性

編集部　現在、人口が急増しているヒスパニック（ラティーノ）の存在は労働組合内で大きくなっているのでしょうか？

松井氏　大きくなっています。20世紀半ばも農業労働者のなかでヒスパニックが大事な役割を果たしていた組合もあったのですが、例外的でした。20世紀半ばは製造業や鉄鋼や石炭などが労働組合の中核でした。

この頃の労働組合は白人男性が組織の中心でしたが、近年は労働組合の中心がサービス業や公共部門に移ってきています。そういうところでは多くのヒスパニックが働いていますので、自然と、ヒスパニックの存在感が高まっています。特に大統領選挙の接戦州でもあるネバダ州などではそれが顕著に出ています。

ヒスパニックだけでなく、女性の存在感も高まっていて、女性の指導者も現れています。いままでの白人男性だけだった時代から変わっています。

組合の多様性も増してきているようです。それに伴い移民政策に対するスタンスも変わってきました。

編集部　そのような多様性の中で、労働者の白人男性は民主党からトランプ支持に変わっているということはあるのでしょうか？

松井氏　全般的に大卒未満の白人男性の支持がトランプに流れているということはありま

す。ただし、労働組合の中にヒスパニックが増えている反発ではないと思います。

同じ所得、同じ学歴、同じ境遇の白人男性であっても、組合に入っているか、入っていないかで言えば、組合に入っている方が、より民主党支持の傾向はあります。同じ条件であっても組合に入っていることで、得ている情報や、組合員というアイディンティティが民主党支持という方に引き寄せていっていると思います。

だからこそ、共和党からすれば、白人男性を労働組合から引き離したいということにもつながっているのだろうと思います。

労働組合が作りにくいアメリカの労働法

編集部　アメリカの労働組合はユニオンショップが多いように思うのですが、違うのでしょうか？

松井氏　先にも話しましたが、アメリカの労働組合はかなり細分化されていて、職場レベルで組織化が行われます。産業全体ではなくて、ある企業のある工場で組合ができたら、そこに働いている人は、ある意味無理やりですけど、労働組合に入らざるを得なくなります。

しかし、それは労働組合がうまく組織化できた場合であって、組織化のハードルは簡単ではありません。

そもそもユニオンショップは、認められている州と認められていない州があります。先ほど話に出た労働権法がある州はユニオンショップが認められていません。アメリカ全土でユニオンショップが適用されているわけではありません。

労働組合を作るには、労働組合を作るための認証選挙に勝たなくてはいけません。それに勝てれば、ユニオンショップが認められている州であれば、組合に入りたくない労働者でも組合に入らざるを得ません。

しかし、この労働組合を作るハードルが高いのと、労働権法がある州ではユニオンショップが禁止されているので、労働組合に入らざるを得ない状況というのは、アメリカ全体で見れば、それほど多くはないと思います。

編集部　労働組合に入っているヒスパニックの人の意識は他のヒスパニックに比べて民主

党支持が多いのでしょうか？

松井氏　ヒスパニック全体で民主党支持が多いと思います。労働組合に入っているか入っていないかが、民主党支持に関係するかどうかはっきりとはわかりませんが、労働組合に入っているヒスパニックは、入っていないヒスパニックよりも有権者登録割合や投票率が高いという研究があります。これは、労働組合による動員の成果である可能性が高いと思います。

移民に対する政策が180度変わった労働組合

編集部　先ほど、ヒスパニックの人が労働組合に入ることで、組合の移民政策が変わったとお話しされましたが、どう変わったのでしょうか？

松井氏　かつての労働組合は白人男性が支配的な団体でしたので、移民は自分たちの仕事を奪いかねない敵でした。そのため移民に対して、共和党より民主党の方が慎重だった時代もありました。

共和党を支持する財界や経済界の経営者にとって、移民が多く入ってくる方が、新しい労働者が多くなり賃金もおさえられるので、歓迎だったわけです。

だから、共和党の方が、移民に対してウェルカムでした。一方、民主党の方は移民を警戒する労働組合に配慮せざるを得ませんでした。

その後、組合自体が弱体化し、サービス産業にシフトしていくことで、ヒスパニックなど移民が、自分たちが組織化しうるターゲットになりうるものだと意識が高まってきました。その結果、労働組合も移民に対して寛容になりました。

それによって民主党も移民政策を変えました。いまでは、ご存じのように民主党が親移民になり、トランプの共和党が反移民になっています。

編集部　その移民政策の変更はいつ頃なのですか？

松井氏　90年代頃だと思います。

「中絶の権利は労働者の権利」、女性比率が増えた労働組合

編集部　現在の民主党と共和党の対立の中に、妊娠中絶やＬＧＢＴＱに対するスタンスの違いがあると思いますが、労働組合としては、どうなのでしょうか？　労働問題とは直接関係あるようには思えないのですが。

松井氏　中絶に反対を明示的にアピールする労働組合を私は見たことがありません。基本的には妊娠中絶には、民主党や他のリベラルな団体とのつながりもあって、協力的です。「中絶の権利は労働者の権利」というフレーズも使われています。背景としては、労働組合が、リベラル色が強くなっているのと、女性比率が高まっているということがあります。

他にも、ガザ問題に対して、親パレスチナ的なことを言っています。かつてのビジネス・ユニオニズム的な職場における利益代表という観点からいえば、全然関係ないような社会的争点に関してもリベラル色が強いような感じがします。

ただし、組合の指導部に関してはそうですが、一般組合員に関しては、必ずしもそうで

はありません。「Woke」的な争点に関して民主党が左傾化し過ぎていると感じる労働者も存在していますし、パレスチナを支持しない労働者もいます。

なので、労働組合の指導部がそれらの問題にコミットし過ぎることは一般の労働者層の離反を招くリスクもあると思います。

編集部　具体的にそのような社会的争点に対して、コミットを止めてしまった組合はあるのでしょうか？

松井氏　それは、なかなかつかみづらいですね。あるかもしれませんが、あまり表立った動きにはなりにくいのでわかりづらいです。

しかし、保守系の労働者が多いチームスターズ（運輸労働組合）などは共和党大会にも参加していますから、民主党と共和党のなかで、バランスをとろうとしている組合はあります。だからといって、この組合は例外的ですから、労働組合全体は、民主党のリベラルな運動を支持しています。

現在の労働組合の課題は組織力の強化

編集部　いまの労働組合にとって、一番の課題はどこにあるのでしょうか？

松井氏　一番の課題は組織力を強化することです。組織率の低下を食い止めて逆転させることだと思います。中絶やパレスチナの問題よりも、もっとも重要な課題です。

そのためには、まず、サービス産業など未開拓領域や南部の「労働権州」での組織化を進めています。アマゾンやスターバックス、ヘルスケア産業、テクノロジー産業などの組織化がその象徴です。

それと並行して力を入れているのが、連邦労働法（全国労働関係法ＮＬＲＡ）の改正です。現在の労働法が組織化を難しくしていると、以前からいわれていました。

先ほど話したように組合を作るハードルが高いので、これを変えるためには労働法を変える必要があります。これが一番の課題だと思います。

ただし、この実現はかなり厳しいです。大統領と上院、下院をすべて民主党が多数派をとらなければならないですし、そのような政府や議会ができたとしても、労働法の改正が、政策の優先順位の上位にあがってくるかはわかりません。

それでも、やはり労働組合としては、この労働法の改正が第一の課題ですし、バイデン政権もそれを訴えてきました。

アメリカの労働法が労働組合に優しくない理由

編集部 アメリカの労働法では、労働組合を作るハードルが高いということですが、それはどの点にあるのでしょうか？

松井氏 アメリカの労働法は特殊な仕組みを採用しています。日本だと一つの職場で組合が複数存在していることもあります。それは組合を作ること自体が自由だからです。そしてその組合が使用者側と団体交渉をすることも可能です。

しかし、アメリカでは違います。団体交渉ができるようになるためには、まず、排他的交渉代表権を獲得する必要があります。そのためには職場内で選挙、認証選挙を行う必要があり、認証選挙で勝つには職場の労働者の過半数の支持が必要です。

その選挙の手続きや期間は長くて時間がかかります。その間に使用者側が組合を作らせないように画策します。

使用者側は反組合のコンサルタントを雇って妨害したり、なかには、労働組合ができたら、労働権法がある別の州に会社を移転させると脅迫したり、労働者を買収して認証に反対させたりします。

そのため、労働組合はこの労働法を変えようとしています。彼らがやろうとしているのは、まず、「カード・チェック」制度の導入です。

選挙はハードルが高いので、選挙をしなくても、一定数の労働者が労働組合を支持していていることを署名などで証明できれば、組合を作れるようにする制度です。

そうすることによって、使用者側の妨害が入ってくる余地をなくそうとしています。

また、労働権法も労働組合の組織化を厳しくしているので、この労働権法を州が制定することを認める規定を連邦労働法から削除したいと考えています。

ただし、法律が変われば、労働組合の組織化が急激に進むようになるかは疑問です。産業構造が製造業中心からサービス産業中心に変わっていますし、労働組合離れが進んでいる世界的な流れもあります。

それでも、やはり、アメリカの労働組合の組織率はヨーロッパやカナダに比べて、かなり低いのです。その要因に労働法が厳しすぎることがあると、一般的に指摘されています。

（※ちなみに、日本の労働組合の組織率は16・5パーセント。アメリカよりはいい。―編集部調べ）

労働組合が分断の原動力ではない

編集部　最後の質問になりますが、労働組合が分断にどれほど影響を及ぼしているとお考えでしょうか？

松井氏　労働組合が積極的、意図的に分断の原動力になってきたとは思いません。例えば中絶とか、銃規制とかの価値観の問題になると、考え方が両極端に分かれて分断されます。

しかし、労働組合の主な目標である賃金引き上げや労働者の権利保護は、中絶や銃規制などと比べると、それ自体は社会を分断させるものではないと思います。

もちろん、使用者と労働者を分断させることはあると思いますけど、社会を分断させることではないと思います。

労働者の賃金引き上げや権利保護の目的は、多くの世論調査でも国民から支持されています。

特に近年、労働組合に対する支持や労働組合の重要性に対する認識が上昇し、好感度も上がっています。民主党支持者に限らず、一般の共和党支持者の間でも、労働組合に対してそこまでネガティブな意見は持たれていません。敵対的ではなく、必要性を認識しています。

中絶や銃規制に比べると労働者の要求は、国民の目から見ても分断的な要因にはなっていないと思います。

ただし、より広い視点から見ると、違った見方もできます。

「保守派系の利益集団連合」、例えばキリスト教の保守勢力などが共和党政治家を右へと動かしてきました。一方、「リベラル派系の利益集団連合」である人権団体や環境保護団体などが、民主党政治家を左へと動かしてきました。

そういう意味においては、労働組合も民主党を左へ動かす勢力として分極化に一定の役割をはたしてきたとはいえるかもしれません。しかし、労働組合が分断化を策したわけではありません。労働組合は労働者を獲得しようとしているだけです。

そもそも、労働組合は以前から民主党の支持団体でした。そのため民主党は労働組合を大きくしようとし、共和党は潰そうとしてきました。その争点はいまでもあります。

政治家や活動家などのエリートレベルにおいては「労働組合の権利をどの程度保障するのか」が、1930年代のニューディール時代から現在まで、一貫して二大政党の対立争点でした。だから、その争点は、いまに始まったわけではないのです。

いまの分極化の直接の要因ではありません。

最近、トランプをはじめとして共和党が労働者層からの支持拡大を試みています。そのため、親・労働者層の政策アピールが超党派的な現象になっています。

しかし、注意が必要なのは、共和党が求めているのは「労働組合」ではなく「労働組合から分離された労働者層」です。そして、使用者のいうことを素直に聞く労働者がほしいということです。なので、共和党は一貫して反・労働組合です。

このことは、労働組合の指導者はわかっています。だからこそ、彼らは労働組合が労働者の味方であることを強くアピールしています。

したがって、労働組合が分断の原動力になってきたというよりは、共和党側で労働組合と労働者の間の分断を強調し、「労働組合が（民主党・リベラル派の一角として）分断の原因となってきた」という構図をアピールしてきた結果だと思います。

松井孝太（まつい　こうた）
1986年生まれ。杏林大学総合政策学部准教授。東京大学法学部卒業後、同大学大学院法学政治学研究科修士課程修了、博士課程進学（2019年3月満期退学）。イェール大学政治学部客員研究員（VAR）、杏林大学杏林CCRC研究所特任助教などを経て現職。専門は米国政治経済、社会保障・労働政策、政治学。共著に『アメリカ政治の地殻変動：分極化の行方』（東京大学出版会）、『50州が動かすアメリカ政治』（勁草書房）、『トランプ政権の分析：分極化と政策的収斂との間で』（日本評論社）などがある。

Column

「分断」を知るキーワード6

労働権法のある州

労働権法（right-to-work）は、「労働組合による支配を受けることなく働く権利」を意味し、ユニオン・ショップ協定を禁止する法律である。労働権法の内容については、松井孝太氏が語られているので、ここでは、アメリカの各州における労働権法の制定状況を紹介する。

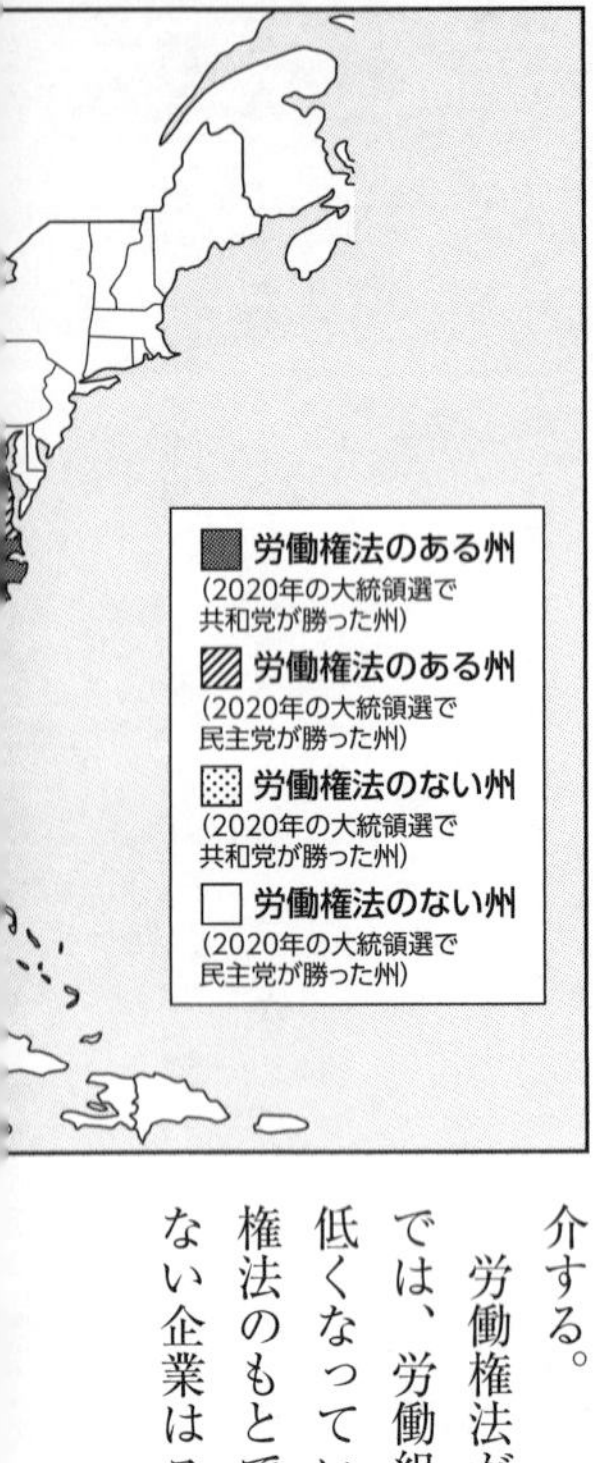

労働権法が施行されている州では、労働組合組織率がかなり低くなっている。さらに、労働権法のもとで組合加入を強制しない企業はユニオン・ショップ

労働権法のある州

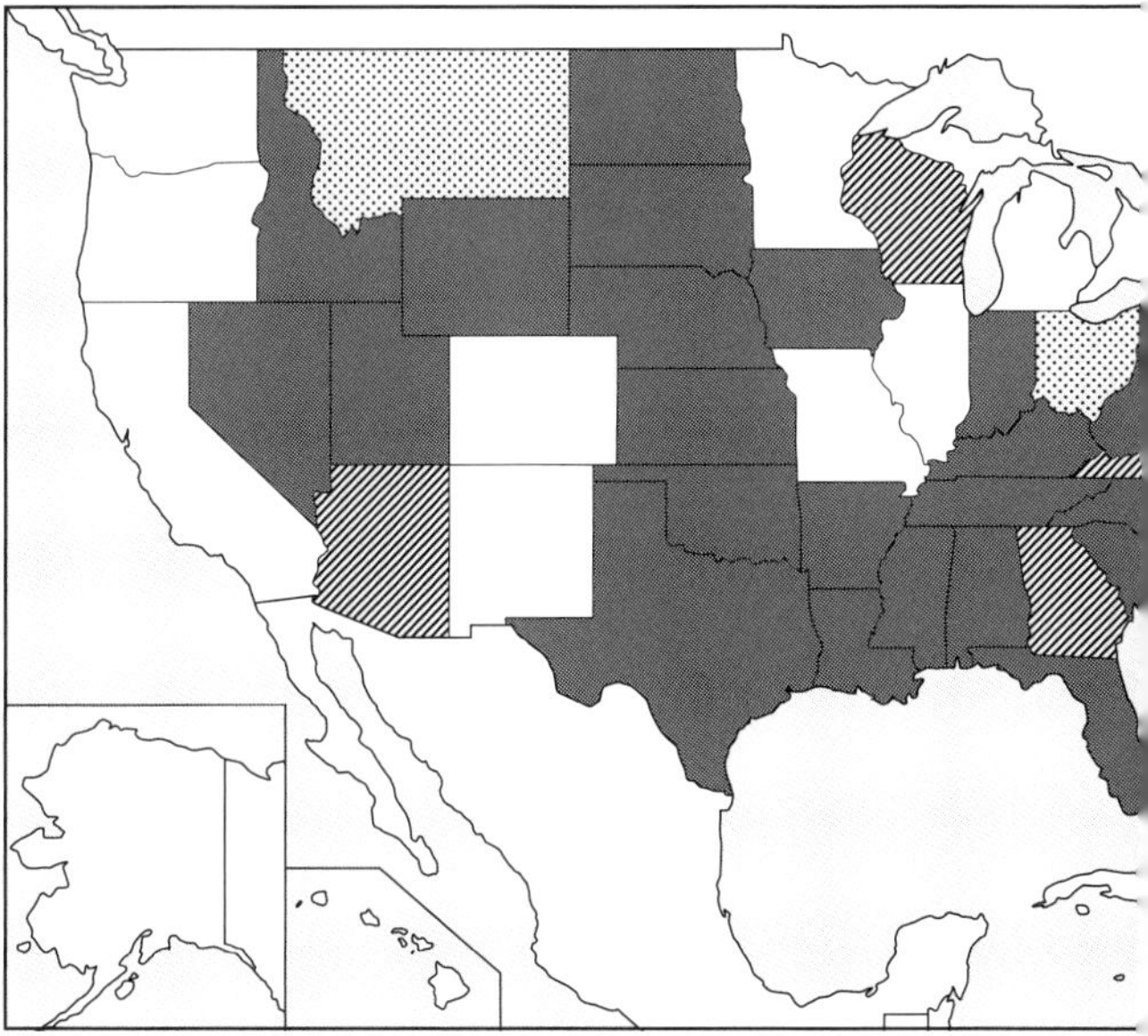

のある企業よりも賃金は一般的に低い。まさに、労働権法とは反・労働組合立法であり、労働者の賃金を抑える機能も持つ。

労働権法が成立しているところは共和党の強いところで、２０２０年の大統領選挙でもトランプの共和党が取ったところである。一方、その中でもミシガン州は、２０１９年に民主党のウイットマーによって州知事を奪還し、その後、州両議会の多数派を占めた。そして、２０２３年には労働権法を破棄している。

（編集部）

資料

資料① 近年の大統領選挙の結果と激戦州

2004年大統領選挙結果

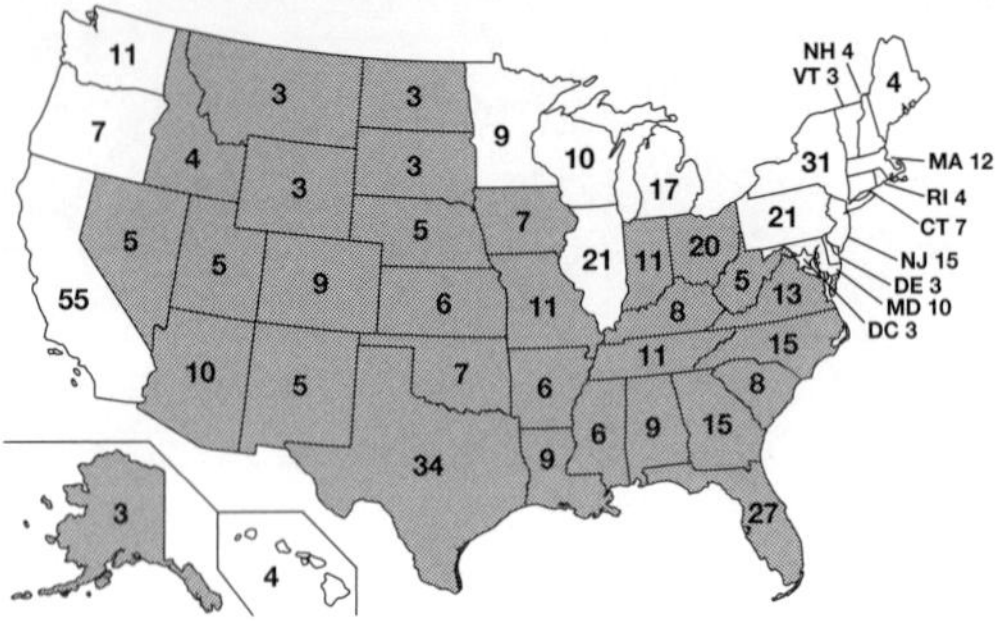

NH・ニューハンプシャー、VT・バーモント、
MA・マサチューセッツ、RI・ロードアイランド、
CT・コネティカット、NJ・ニュージャージー、
DE・デラウェア、MD・メリーランド、
DC・ワシントンD.C.
※各州の数字は選挙人数

獲得選挙人数	
□ケリー	251
■ブッシュ	286

2004年大統領選の激戦州

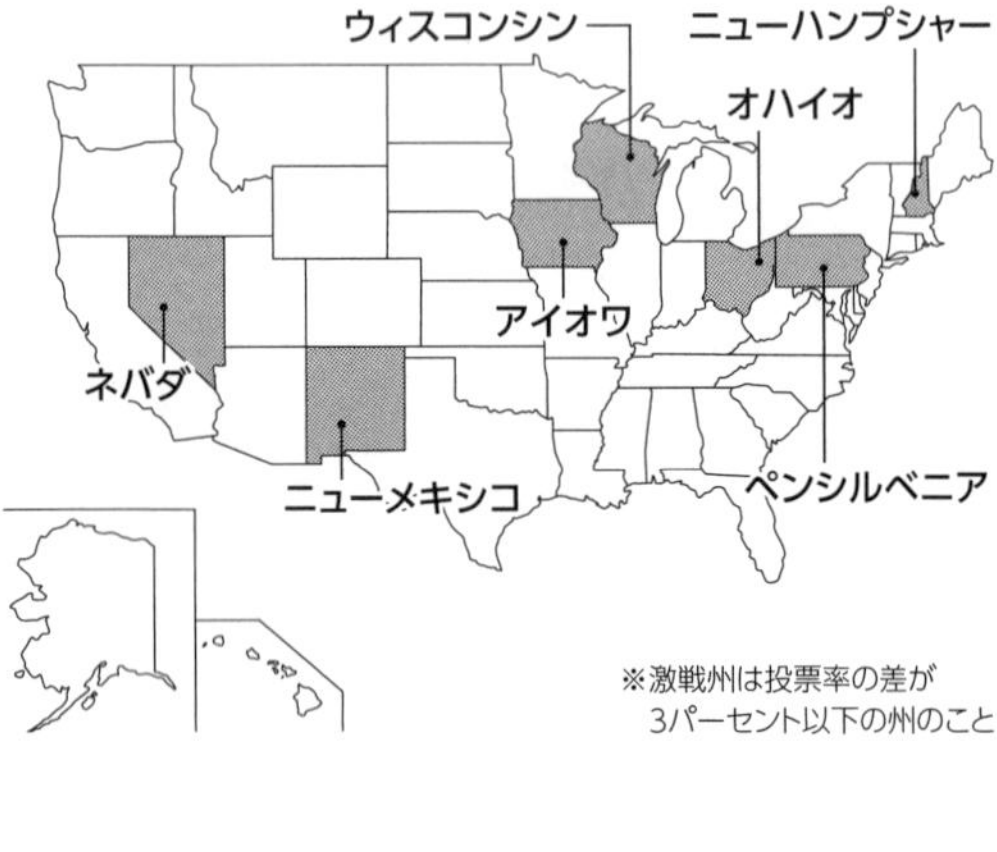

※激戦州は投票率の差が
3パーセント以下の州のこと

2008年大統領選挙結果

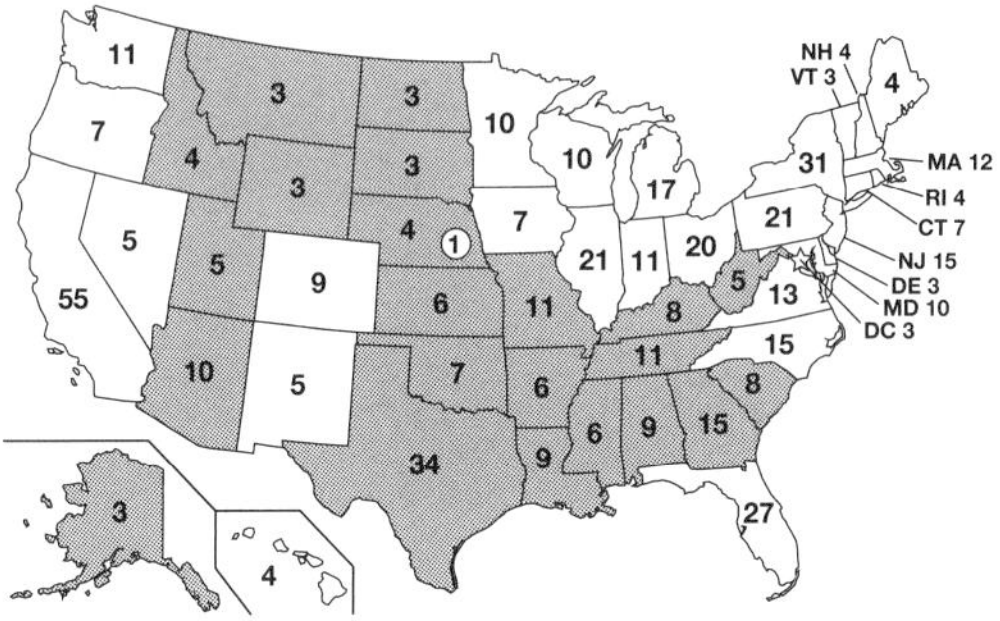

獲得選挙人数	
□オバマ	365
▨マケイン	173

2008年大統領選の激戦州

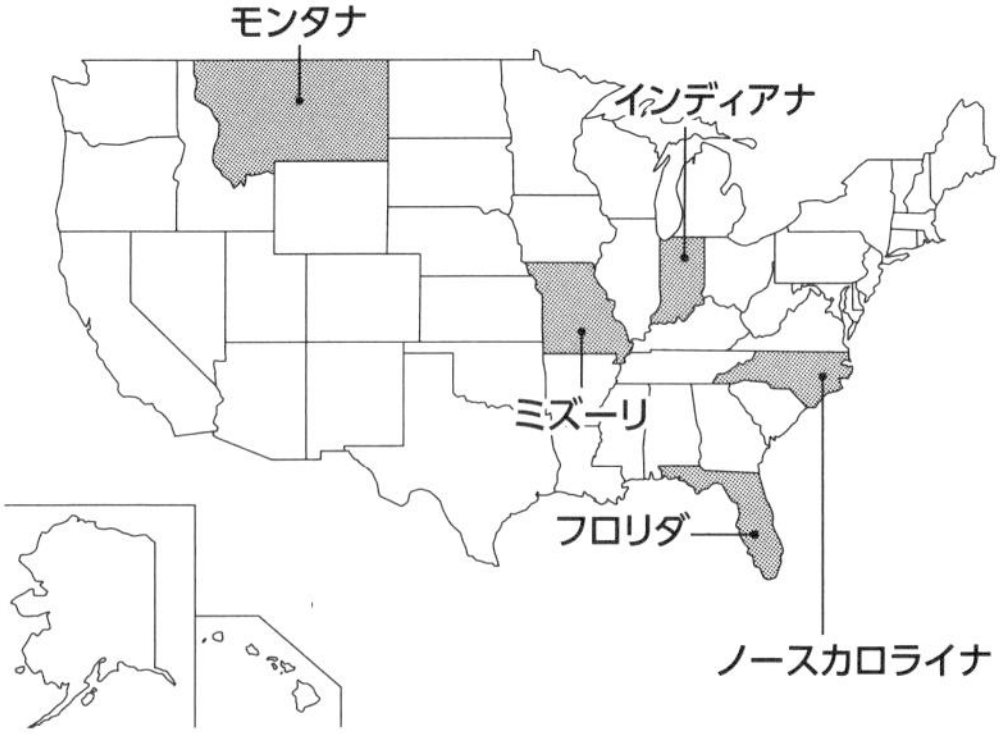

2012年大統領選挙結果

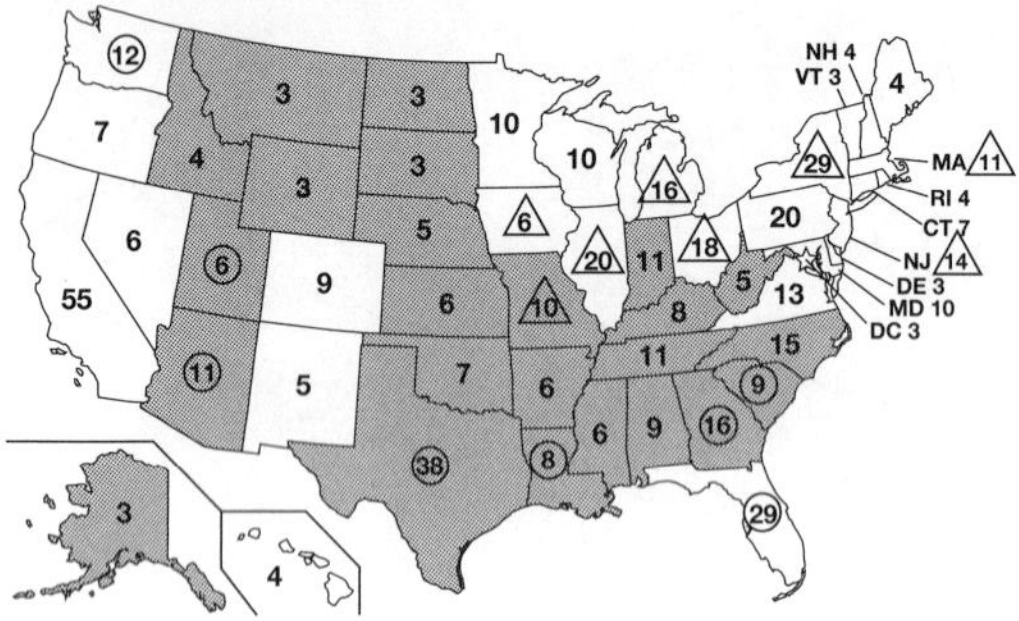

△ 選挙人数が減った州

○ 選挙人数が増えた州

獲得選挙人数

□オバマ	332
▩ロムニー	206

2012年大統領選の激戦州

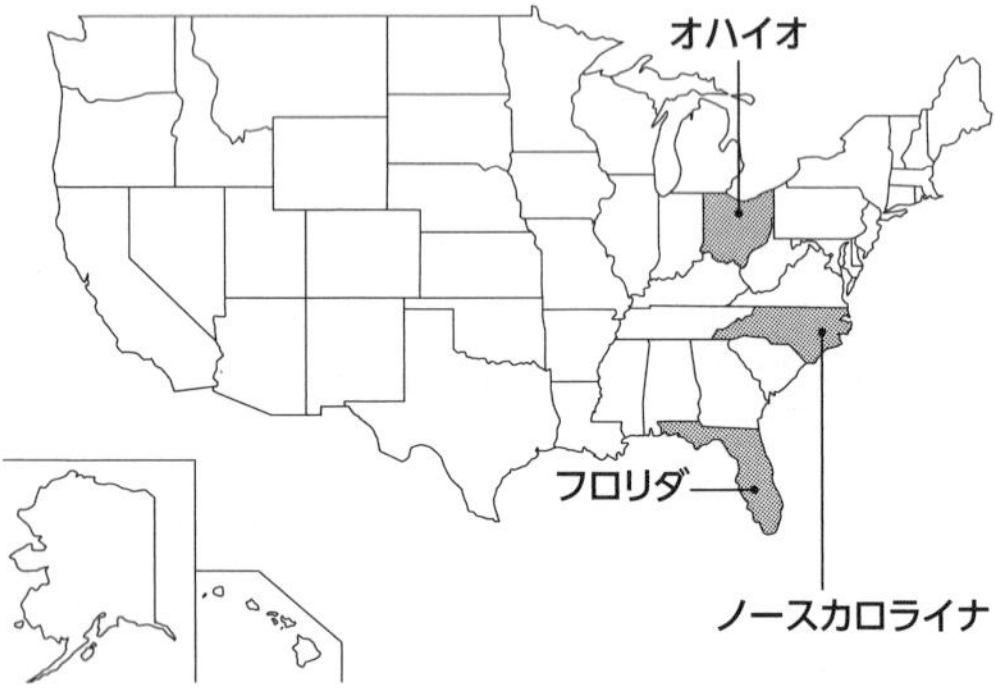

2016年大統領選挙結果

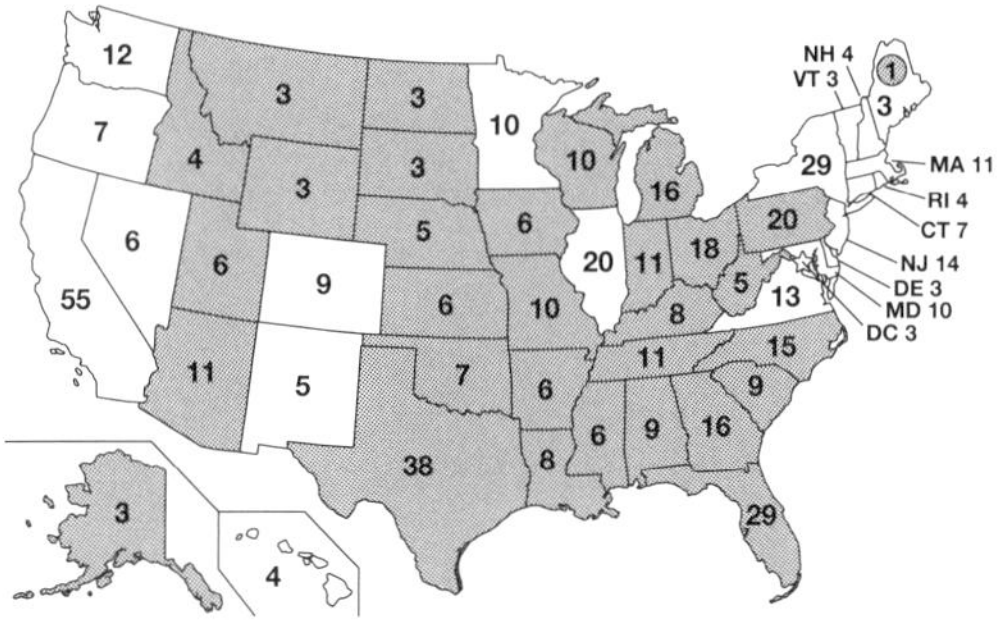

獲得選挙人数	
□ヒラリー	232
▨トランプ	306

2016年大統領選の激戦州

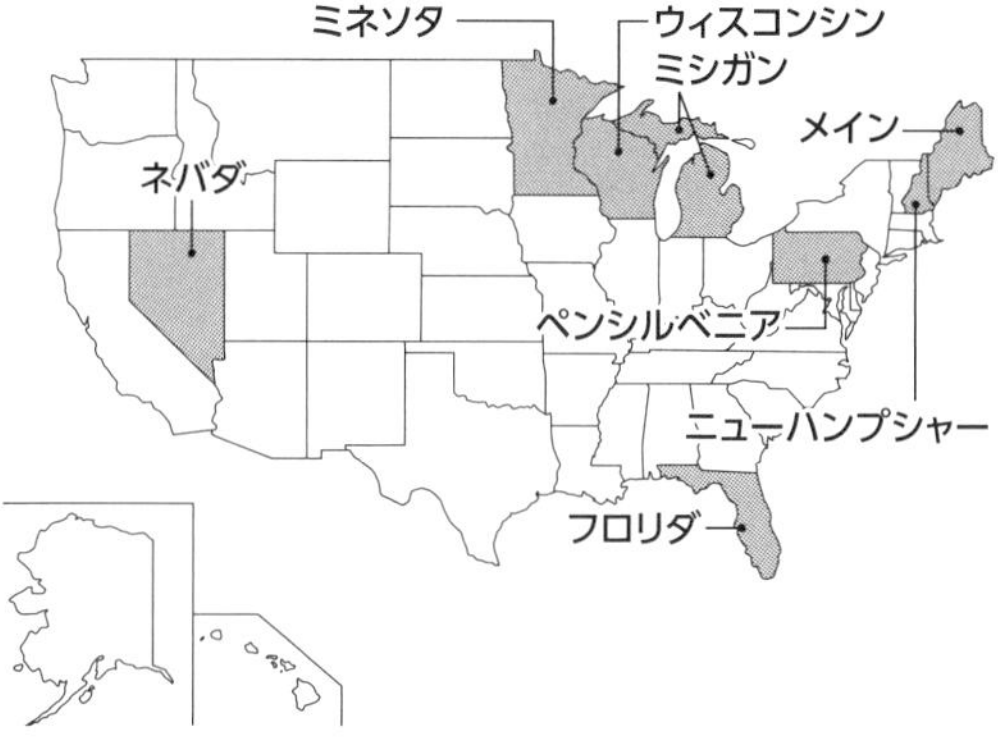

2020年大統領選挙結果

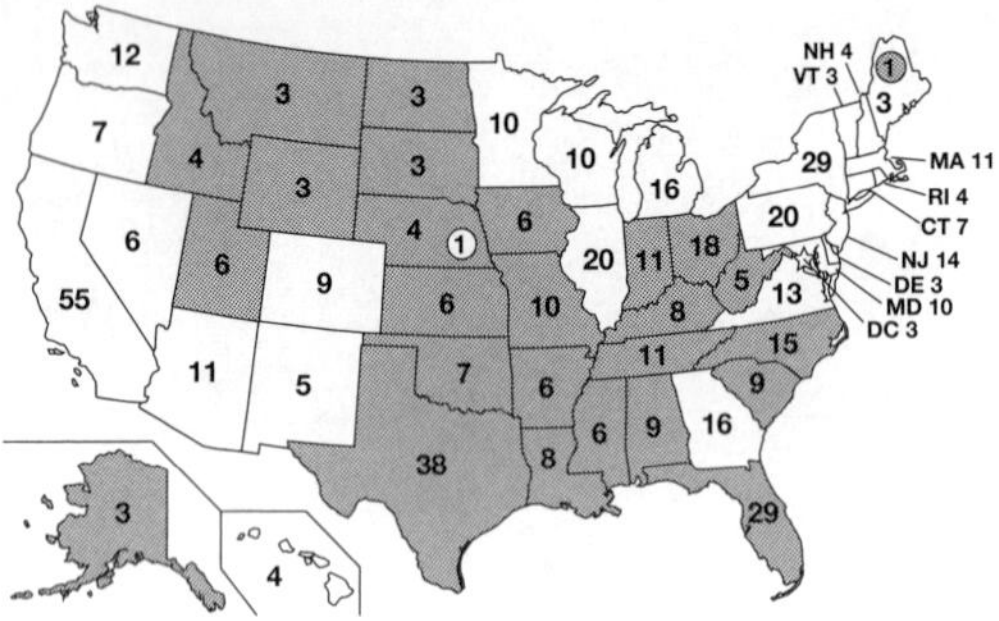

獲得選挙人数

□バイデン	306
■トランプ	232

2020年大統領選の激戦州

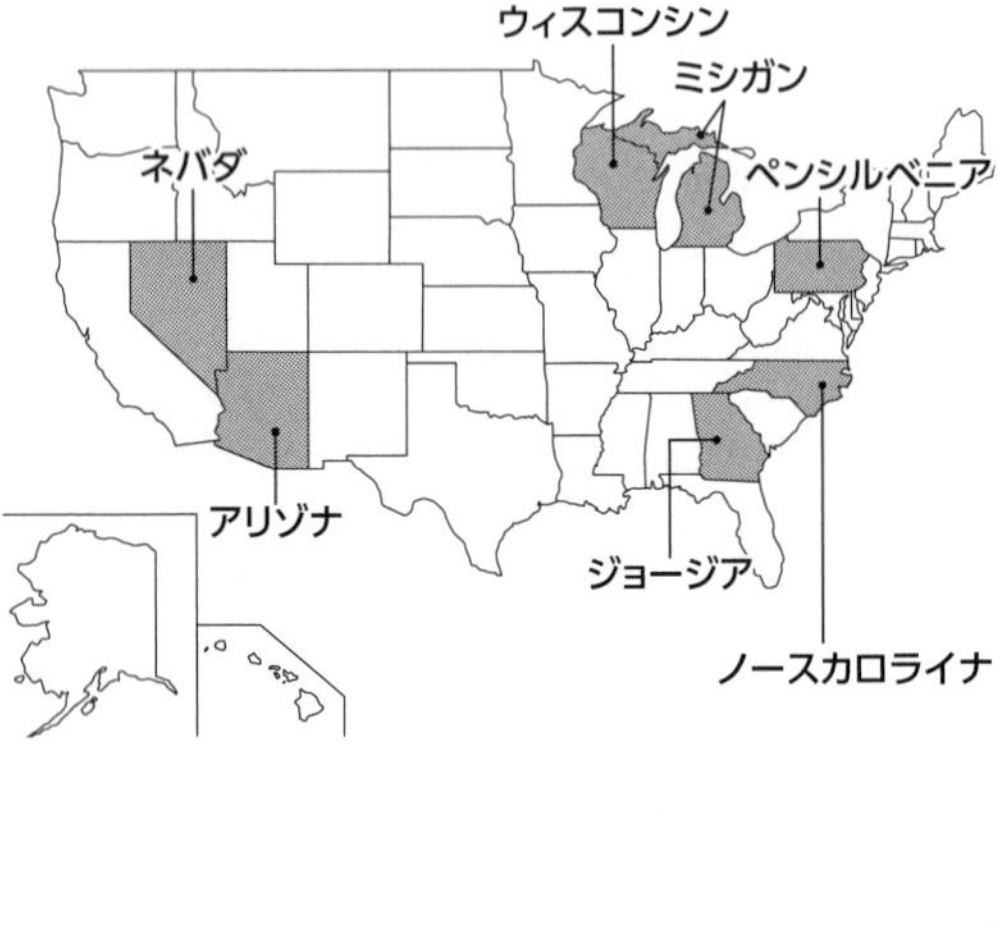

2024年大統領選挙の各州の選挙人数

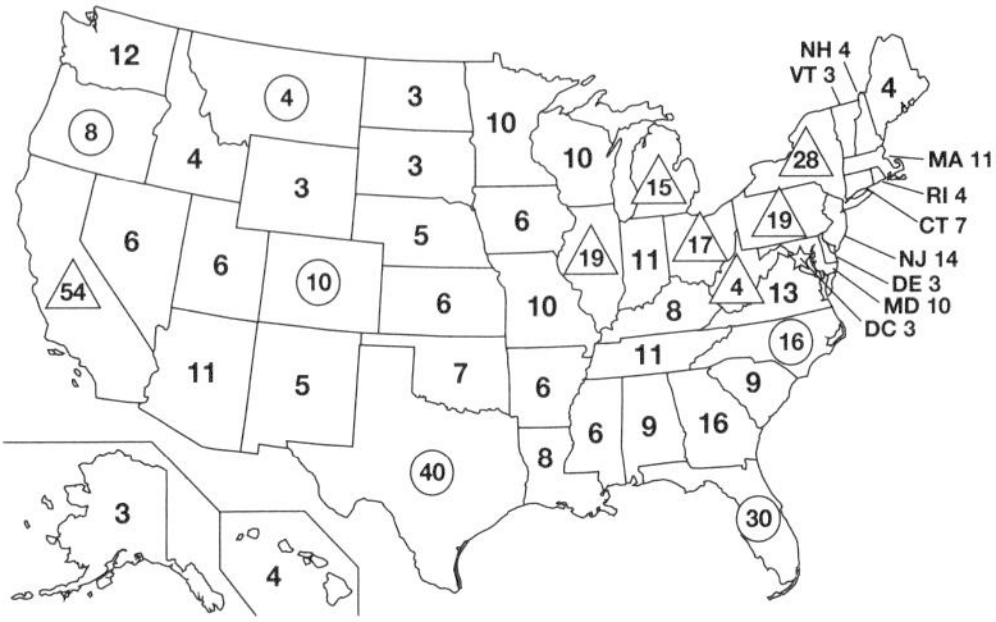

△ 選挙人数が減った州

○ 選挙人数が増えた州

2024年大統領選の激戦州

※激戦州は予想

資料② アメリカ関連史（1957年〜2024年9月17日まで）

大統領	年月	出来事
アイゼンハウアー（共和党、2期目）	1957・1	就任
	1957・9	公民権法成立
	1958・1	人工衛星打ち上げ成功
	1959・1	キューバ革命
	・2	ヴァージニアで初の黒人と白人が共学
ケネディ（民主党）	1961・1	就任
	1962・10	キューバ危機
	1963・4	アラバマ州バーミングハムで黒人デモ
ジョンソン（民主党）	・11	ケネディ大統領暗殺される。ジョンソン就任
	1964・7	新公民権法成立
	・10	ルーサー＝キング、ノーベル平和主受賞
ジョンソン（民主党、2期目）	1965・1	就任
	8	黒人の権利を保障する投票権法成立
	1967・8	デトロイトで黒人暴動激化
	・10	ワシントンでベトナム反戦デモ
	1968・4	キング牧師暗殺、黒人暴動激化
	・6	ロバート・ケネディ大統領候補暗殺

ニクソン（共和党）	1969・1	就任
		ベトナム撤兵開始
	・7	アポロ11号月面着陸成功
	1970・2	ニクソン＝ドクトリン発表
	・4	米ソSALT交渉を開始
	1971・3	18歳以上に選挙権付与
	・8	ニクソン、ドルと金の交換の一時停止
	1972・1	日米繊維協定調印
	・2	ニクソン訪中
	・5	ベトナム戦争激化
	・6	ウォータゲート事件発覚
ニクソン（共和党、2期目）	1973・1	就任
	同	ロー対ウェイド判決
	同	パリでベトナム和平協定調印、米軍撤退
	・4	ウォータゲート事件問題化
	・6	ブレジネフ訪米、核戦争防止協定調印
フォード（共和党）	1974・8	ニクソン大統領辞任、後任フォード
	1976・3	アルゼンチンでクーデタ、ペロン政権崩壊
カーター（民主党）	1977・1	就任
	1978・7	ボリビアでクーデタ

	・9	ニカラグア内戦激化
	1979・1	米中国交樹立
	・3	スリーマイル島原発事故発生
	・6	SALTⅡ調印
	・7	ニカラグアにサンディニスタ政権樹立
	・11	イラン学生、米大使館占拠、館員を人質に
	1980・1	ソ連、アフガニスタン侵攻
	・4	イランと断交
レーガン（共和党）	1981・1	就任
	同	イラン人質事件解決
	・4	スペースシャトル成功
	1983・10	米軍、グレナダに侵攻
	1984・6	ユネスコ脱退を通告
レーガン（共和党、2期目）	1985・1	就任
	1986・10	米ソ首脳会談
	1987・10	ウォール街で株価大暴落
	・12	米ソIMF全廃条約調印
	1988・4	イランとペルシャ湾で交戦
ブッシュ（共和党）	1989・1	就任
	・9	パナマと断交

	・12	米ソ首脳会談（マルタ）
	同	米軍、パナマに侵攻
	1991・1	～2月、湾岸戦争
	・7	米ソ、START調印
	1992・4	ロサンゼルスで黒人暴動
	・10	NAFTA（北米自由貿易協定）調印
クリントン（民主党）	1993・1	就任
	1994・9	キューバ難民問題、米・キューバ間で合意
	・11	中間選挙で与野党逆転、共和党優位に
	1996・3	キューバが米民間機撃墜、米がキューバ制裁強化
	・7	アトランタ・オリンピック（全加盟国参加）
クリントン（民主党、2期目）	1997・1	就任
	1998・8	GNPの伸び率が大幅に減速
	・12	世界最大の石油企業、ニクソン・モービル誕生
	1999・1	米、キューバ制裁緩和
	・4	貿易不正国に対するスーパー301条復活
	・8	NY株、史上最高の1万3000ドルを突破
	2000・2	スペースシャトル・エンデバー打ち上げ成功
	・5	米、中国の最恵国待遇を恒久化
	・6	ヒトゲノム解読を宣言

ブッシュ（ジュニア、共和党）	2001・1	就任
	・2	探査機、小惑星に着陸
	・3	温暖化防止京都議定書から離脱
	・9	11日、同時多発テロ勃発
	・10	炭疽菌テロ頻発
	2002・11	米金利が41年ぶりの低水準の1・25%
	同	米ロ首脳会議、イラクに警告
	2003・2	スペースシャトル空中分解
	・3	～5月、米英軍イラク攻撃開始（イラク戦争）
	・8	米・カナダで大停電発生5000万人に影響
	2004・8	水星探査機メッセンジャー打ち上げ成功
	・9	米、イラクの大量破壊兵器発見を断念
	・10	米、財政赤字が最悪の4125億ドルに
ブッシュ（ジュニア、共和党、2期目）	2005・1	就任
	・8	巨大ハリケーンがニューオーリンズに上陸、甚大な被害
	2006・7	NYの原油先物相場、1バーレル78ドル突破、史上最高値
	・9	スペースシャトル成功、国際宇宙ステーション計画再開
	・11	中間選挙の下院で民主党勝利、下院議長に初の女性、ペロシ
	2007・4	NYダウ、史上最高値
	・6	初代iPhone発売

	・8	サブプライム問題を端に世界同時株安発生
	2008・3	NY原油1バーレル111ドルまで高騰
	・6	北朝鮮のテロ国家指定を解除
	・9	リーマンブラザーズ破綻。6000億ドルの負債
	同	NYダウ史上最大の777ドル下落
	・10	NYダウ8000ドル割れ
	・11	NY原油、一時、50ドル割れ
オバマ（民主党）	2009・1	就任
	2010・3	医療法の成立
	・4	~7月、ディープウォーター・ホライズン原油流失事件
	・11	中間選挙で共和党が下院で圧勝
	同	内部告発サイト「ウィキリークス」が米外交電文を公開
	2011・5	同時多発テロの主犯、ウサマ・ビンラディンを米軍が射殺
	・9	~10月、反経済格差のウォールストリートデモ拡大
	2012・2	トレイボン・マーティン射殺事件
オバマ（民主党、2期目）	2013・1	就任
	・6	CIAのスノーデンがNSAの個人情報収集を暴露
	同	シェルビー郡対ホルダー判決
	2014・7	警官による黒人のエリック・ガーナー絞殺事件が発生
	・8	警官による黒人青年のマイケル・ブラウン射殺により暴動が発生

大統領	年月	出来事
	・11	中間選挙で共和党が上院でも多数派に
	同	警官による黒人少年のタミル・ライス射殺事件が発生
	・12	米、キューバと国交正常化
	2015・6	アメリカ最高裁「同性婚」をアメリカ全州で認める
	2016・6	オーランド銃乱射事件で49人が犠牲。過去最大
	・7	警察による黒人射殺で全米で抗議行動、テキサスで警官5人死亡
トランプ（共和党）	2017・1	就任。イスラム教の敵対国の国民入国を90日間禁止の大統領令
	・6	米、パリ協定からの離脱を正式発表
	・10	ラスベガス銃乱射事件で59人が犠牲。過去最大
	同	セクハラへの抗議、「#ＭｅＴｏｏ」運動が始まる
	・11	米、北朝鮮をテロ支援国家と再指定
	2018・6	シンガポールで史上初の米朝首脳会談
	同	パティシエ裁判
	・7	中国との貿易摩擦が勃発
	・8	米、イランとの核合意離脱（5月）、イランに経済制裁（11月も）
	・10	トランプ、中距離核ミサイル全廃条約（ＩＮＦ）から離脱表明
	・11	中間選挙、下院で民主党勝利
	2019・2	ハノイで2回目の米朝首脳会談、しかし物別れに。6月、トランプ訪朝
	同	トランプ、国境の壁建設のために国家非常事態を宣言
	・8	エルパソ無差別銃乱射事件で23人死亡

年月	出来事	大統領
・9	米中共に報復関税（4回目）	
2020・3	コロナでWHOがパンデミックを宣言	
・5	ジョージ・フロイド事件発生。BLM運動が全米で広がる	
・11	NYダウが史上初の3万ドル突破	
2021・1	トランプ支持者、アメリカ議会を占拠	バイデン（民主党）
同	就任	
2022・2	ロシアがウクライナに侵攻	
・6	最高裁「ロー対ウェイド判決」を破棄	
・8	ペロシ下院議長が台湾訪問	
・11	アメリカで銃乱射事件が年間600件超え、3年連続	
同	中間選挙の下院で共和党が勝利	
2023・3	トランプ前大統領が8月までに4つの事件で起訴される	
・7	最高裁「アファーマティブ・アクション」に違憲判決	
・10	米下院議長が史上初の解任	
同	ハマスがイスラエルを大規模攻撃、ガザ紛争が始まる	
2024・5	トランプに口止め料事件で有罪判決（地裁）	
・6	米大統領選の候補討論会。バイデンが敗北	
・7	トランプ銃撃事件	
同	バイデンが大統領選撤退、その後ハリスが候補に	
・9	トランプが二度目の銃撃事件	

おわりに

あれから30年以上たっただろうか、まだ、30代だった私は、『マルコムX』というスパイク・リー監督の映画を見た。しかし、そのとき、私は『マルコムX』に感情移入はできなかった。

その前の学生時代に見た『ルーツ』（リメイク版ではない）というドラマは、何度も涙を流してみた記憶がある。

なぜ、『マルコムX』が理解できなかったのだろうか。

それが、やっと30年たって、藤永先生の話を聞いて理解した。「肌の色なんだ」。

ポリコレの原稿を書いているときに、私たちが子ども頃に使っていた「肌色」という言葉がなくなったことを知ったときには驚いた。クレヨンとか色鉛筆から、その色はなくなり、「うすだいだいいろ」になった記事を見て、なるほどと納得してしまった。「肌の色なんだ」。

移民国家アメリカの隠すことのできない悲劇の歴史がそこにある。

先日、ネットフリックスでアメリカのホットドックの早食いバトルを見た。非常にテンションの高いエンターテインメントバトルであった。そして、その戦いはヨーロッパ系アメリカ人と日本人の戦いであった。そのMCは、白人男性と黒人女性である。

観客席にヨーロッパ系アメリカ人を応援する人々と、日本人を応援する人で、大きく左右に分かれていた。

その人たちを見ると、ヨーロッパ系アメリカ人を応援する人たちの多くは白人たちだ。そして日本人を応援するのは黒人やアジア人であった。

もちろん、そうでない人もいる。しかし、明らかに人数的にはヨーロッパ系アメリカ人には白人が、日本人には黒人やアジア人が多かった。

エンターテインメントのテレビ番組であるにもかかわらず、いまだに根強く人種間の差がでるものだと、驚いてしまった。藤永先生の話を聞いたあとだったので、余計にその差は気になってしまった。

勝ったのはアメリカ人、負けたのは日本人。しかし、試合の後は、両者が相手をたたえ合った。テンションの高いエンターテインメントだったので、応援は非常に騒がしく、けたたましいという言葉がぴったりくる、「うるさい」ものだった。

しかし、終わってみれば、そこに人種的な対立の構造が垣間見えたとしても、両者は相手をたたえ合い、観客も共にノーサイドになっていた。

もちろん、演出もあるだろう。しかし、これがアメリカの姿ではないのか。

非常に激しく戦ったとしても、戦いが終われば、ノーサイドだ。アメリカの大統領選もそうであってほしい。

・・・

コラムで載せた『シビル・ウォー』のシーンが、この文章を書いているときでも、頭に浮かんで離れない。映画の冒頭に流れた、タイヤで身体を拘束された黒人にガソリンがかけられ、生きたまま焼かれるシーンだ。火をつけたのは白人ではなかったと思う。黒人だったと思う。きっとアフリカのどこかの国の内戦をイメージしたものだろう。

映画をもう一度見直せば、どこの国かは分かるかもしれないし、状況をもう少し説明できるかもしれない。しかし、見たくない。平和ボケした私の頭では、そのシーンを何度も冷静に見ることはできない。

しかし、それが戦争なのだ。内戦なのだ。

トランプは、二度も銃で狙われた。アメリカの歴代大統領もリンカン、ケネディなど4人が暗殺されている。
その歴史は繰り返されるのだろうか。

（編集部）

分断される
アメリカ

スタッフ
装丁／妹尾善史（landfish）
本文デザイン&DTP／株式会社ユニオンワークス
編集／小林大作、渡辺圭子

分断される
アメリカ

宝島社新書

分断されるアメリカ
（ぶんだんされるあめりか）

2024年10月24日　第1刷発行

著　者　前嶋和弘
　　　　松本佐保
　　　　藤永康政
　　　　宮田智之
　　　　松井孝太
発行人　関川　誠
発行所　株式会社　宝島社
〒102-8388 東京都千代田区一番町25番地
電話：営業　03(3234)4621
　　　編集　03(3239)0928
https://tkj.jp
印刷・製本　中央精版印刷株式会社

ISBN 978-4-299-06107-2